어휘로 잡는 빵빵 독해

초등 한국사 2

글 이흔 | 그림 이종혁, 조승연

웅진주니어

이 책의 특징

어휘를 알면 독해가 쉽다! 어휘력을 빵빵하게 키워 독해를 쉽게 할 수 있습니다.

글을 읽고도 무슨 뜻인지 모르는 이유가 무엇일까요? 글을 읽고 그 내용을 이해하는 능력인 독해력이 부족하기 때문입니다. 독해력은 문장을 읽고 이해하는 능력인 문해력과도 연결됩니다. 문해력을 기르려면 어휘력이 바탕이 되어야 합니다. 『어휘로 잡는 빵빵 독해』에서는 어휘의 의미와 쓰임을 다양한 상황으로 구성해 보여 줌으로써 아이들이 어휘를 쉽게 이해할 수 있게 하였습니다. 또한 이렇게 익힌 어휘를 짧은 문장으로 확인하는 문제를 통해 문해력을 키우고 긴 글까지 확장해 이해할 수 있도록 하였습니다.

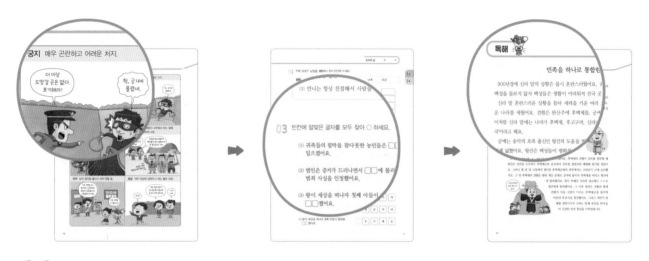

초등 교과와 연계한 독해 프로그램으로, 교과 지식을 넓힐 수 있습니다.

초등 사회 교과서에 나오는 주제로 구성된 다양한 지문을 통해 독해 능력을 키우고 교과 공부에 필요한 기초 지식도 키울 수 있도록 하였습니다. 또 '교과서 속 책 읽기'를 통해 초등 및 중등 국어 교과서에 나오는 지문을 미리 읽어 보는 경험을 할 수 있습니다.

주	일차	학습 주제	주	일차	학습 주제
1주 고려 시대 1	1	고려의 건국 과정	**3주** 조선 시대 1	1	조선의 건국 과정
	2	태조 왕건의 정책		2	조선의 도읍인 한양
	3	광종과 성종의 국가 체제 정비		3	조선의 기틀 확립
	4	거란의 침입과 극복 과정		4	세종 대왕의 업적
	5	고려의 여진 정벌과 두 번의 난		5	훈구파와 사림파
2주 고려 시대 2	1	고려의 대외 교류	**4주** 조선 시대 2	1	신분 제도
	2	무신 정권		2	임진왜란, 의병의 활약
	3	몽골의 침입과 고려의 대응		3	임진왜란, 수군의 활약
	4	원의 간섭과 고려의 개혁		4	광해군의 전후 복구 정책
	5	고려의 문화		5	정묘호란과 병자호란
교과서 속 책 읽기			교과서 속 책 읽기		

" 한 번에 끝내자! 오늘 학습은 오늘 끝내는 성취감을 느낄 수 있습니다.

어휘와 독해를 하루에 하나씩! 1주 6일, 4주 한 권 완성으로 학습 성취감을 높입니다. 부담 없이 학습할 수 있도록 쉽고 간결하게 구성하였으며, 날마다 학습한 날짜를 기록하면서 아이 스스로 꾸준히 학습할 수 있도록 하였습니다.

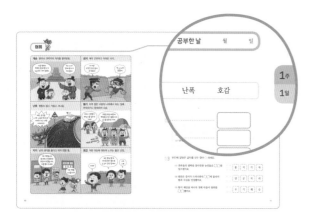

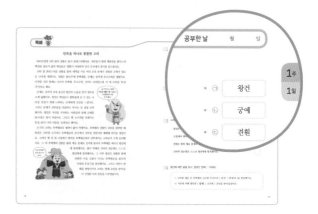

" 친근한 빵 친구들이 어휘와 독해 학습의 재미를 높여 줍니다.

또띠

똑소리 나는 토르티야. 아는 것이 많고 생각도 많다. 모르는 게 있으면 빨리 알아봐야 직성이 풀리는 성격. 그래서 머리에 항상 돋보기, 스마트폰 등을 넣고 다닌다.

빵이

푸근한 식빵. 웃음이 많다. 감정이 풍부하여 잘 웃고, 부끄러움을 잘 탄다. 새로운 사실을 알았을 때는 얼굴이 부풀었다 쭈그러들었다를 반복한다.

핫또야

장난꾸러기 핫도그. 심심한 걸 견디지 못해 케첩 같은 소스를 뿌려 대며 말썽을 일으키기도 하지만 악의는 없다.

롱이

수다쟁이 마카롱. 무조건 아는 척을 잘하며 모든 일을 참견하고 싶어 이곳저곳을 기웃거린다.

소라

수줍음이 많은 소라빵. 호기심도 많다. 무엇인가 골똘히 생각할 때는 커다란 모자에 몸을 숨기기도 하고, 놀라면 모자가 들썩이는 등 과한 리액션이 매력이다.

꽈리

투덜이 꽈배기. 무슨 일이든지 일단 투덜거리고 본다. 싫을수록 몸이 더 배배 꼬이고, 몸에 묻은 설탕을 털면서 온몸으로 거부한다.

이 책의 구성과 활용 방법

독해를 하기 전에 독해 지문에 나오는 어휘의 뜻을 익힙니다.

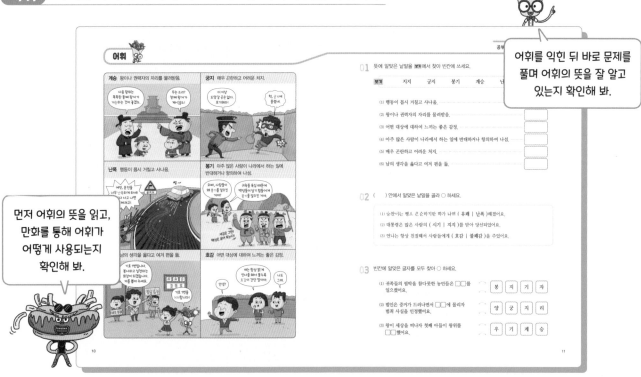

어휘를 익힌 뒤 바로 문제를 풀며 어휘의 뜻을 잘 알고 있는지 확인해 봐.

먼저 어휘의 뜻을 읽고, 만화를 통해 어휘가 어떻게 사용되는지 확인해 봐.

독해 초등 사회 교과서에 나오는 학습 주제를 담은 지문을 읽고 독해력을 기릅니다.

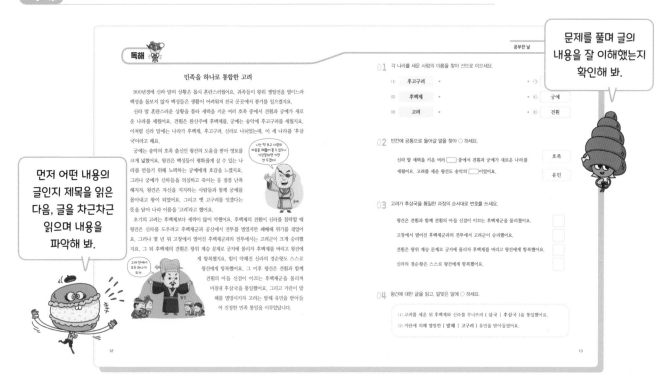

문제를 풀며 글의 내용을 잘 이해했는지 확인해 봐.

먼저 어떤 내용의 글인지 제목을 읽은 다음, 글을 차근차근 읽으며 내용을 파악해 봐.

복습 한 주 동안 배운 내용을 낱말 퍼즐, 사다리 타기, 미로 등의 다양한 활동을 통해 복습합니다.

전체 학습 분량 중
완료한 학습량

학습한 어휘 수

학습한 지문 수

헷갈리거나 모르는 것이 있으면 앞으로 돌아가 내용을 확인한 뒤 문제를 풀어 봐.

왼쪽 면은 어휘를, 오른쪽 면은 독해 내용을 확인하는 활동으로 구성되어 있어.

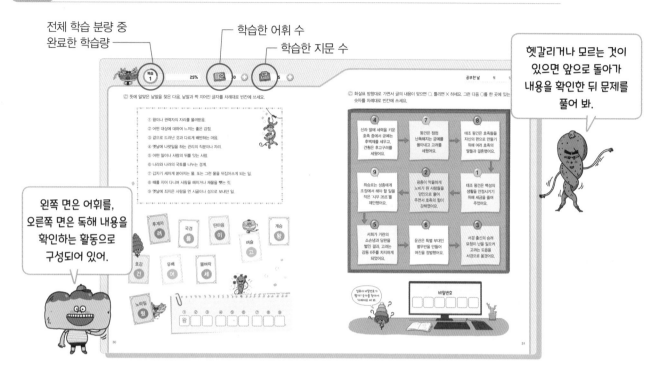

교과서 속 책 읽기 초등 및 중등 국어 교과서에 나오는 다양한 유형의 지문을 읽고 내용을 파악합니다.

학습 주제와 관련된 교과서에 나오는 지문을 읽으며 내용을 파악해 봐.

지문의 내용을 잘 파악했는지 간단한 문제를 풀며 확인해 봐.

해답 어휘, 독해, 복습, 교과서 속 책 읽기 문제의 해답을 확인합니다.

찾아보기 헷갈리거나 모르는 어휘를 찾아봅니다.

차례

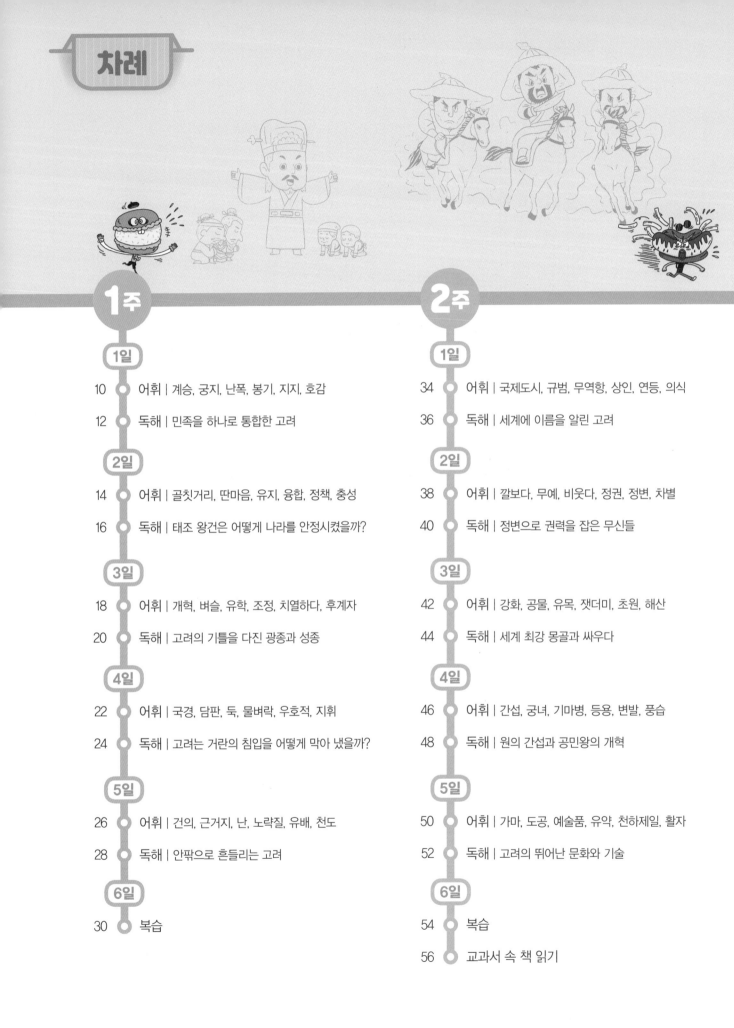

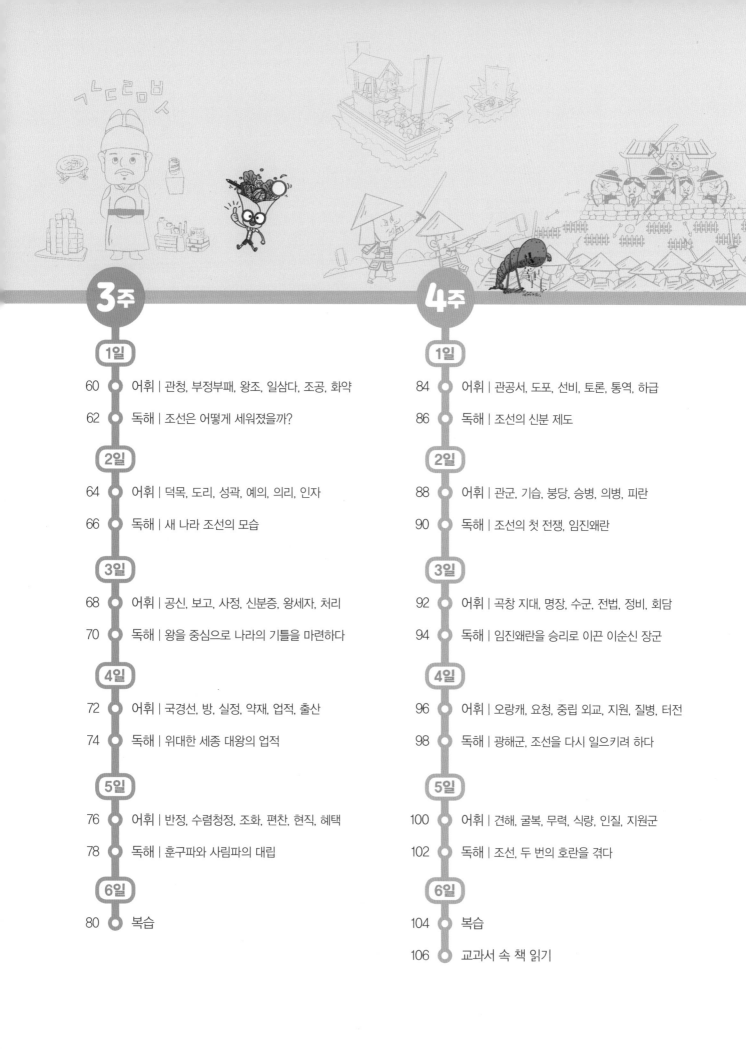

1주 고려 시대 1

1일

어휘 | 계승, 궁지, 난폭, 봉기, 지지, 호감
독해 | 민족을 하나로 통합한 고려

2일

어휘 | 골칫거리, 딴마음, 유지, 융합, 정책, 충성
독해 | 태조 왕건은 어떻게 나라를 안정시켰을까?

3일

어휘 | 개혁, 벼슬, 유학, 조정, 치열하다, 후계자
독해 | 고려의 기틀을 다진 광종과 성종

5일

어휘 | 건의, 근거지, 난, 노략질, 유배, 천도
독해 | 안팎으로 흔들리는 고려

4일

어휘 | 국경, 담판, 둑, 물벼락, 우호적, 지휘
독해 | 고려는 거란의 침입을 어떻게 막아 냈을까?

6일

복습

01 뜻에 알맞은 낱말을 **보기** 에서 찾아 빈칸에 쓰세요.

보기	지지	궁지	봉기	계승	난폭	호감

(1) 행동이 몹시 거칠고 사나움. ·· ☐

(2) 왕이나 권력자의 자리를 물려받음. ································· ☐

(3) 어떤 대상에 대하여 느끼는 좋은 감정. ····················· ☐

(4) 아주 많은 사람이 나라에서 하는 일에 반대하거나 항의하여 나섬. ··· ☐

(5) 매우 곤란하고 어려운 처지. ·· ☐

(6) 남의 생각을 옳다고 여겨 편을 듦. ································· ☐

02 (　　) 안에서 알맞은 낱말을 골라 ○ 하세요.

(1) 승찬이는 평소 온순하지만 화가 나면 (유쾌 | 난폭)해졌어요.

(2) 대통령은 많은 사람의 (시기 | 지지)를 받아 당선되었어요.

(3) 언니는 항상 친절해서 사람들에게 (호감 | 불쾌감)을 주었어요.

03 빈칸에 알맞은 글자를 모두 찾아 ○ 하세요.

(1) 귀족들의 핍박을 참다못한 농민들은 ☐☐를
일으켰어요.

봉	지	기	자

(2) 범인은 증거가 드러나면서 ☐☐에 몰리자
범죄 사실을 인정했어요.

양	궁	지	리

(3) 왕이 세상을 떠나자 첫째 아들이 왕위를
☐☐했어요.

우	기	계	승

민족을 하나로 통합한 고려

900년경에 신라 말의 상황은 몹시 혼란스러웠어요. 귀족들이 왕위 쟁탈전을 벌이느라 백성을 돌보지 않자 백성들은 생활이 어려워져 전국 곳곳에서 봉기를 일으켰지요.

신라 말 혼란스러운 상황을 틈타 세력을 키운 여러 호족 중에서 견훤과 궁예가 새로운 나라를 세웠어요. 견훤은 완산주에 후백제를, 궁예는 송악에 후고구려를 세웠지요. 이처럼 신라 말에는 나라가 후백제, 후고구려, 신라로 나뉘었는데, 이 세 나라를 '후삼국'이라고 해요.

궁예는 송악의 호족 출신인 왕건의 도움을 받아 영토를 크게 넓혔어요. 왕건은 백성들이 평화롭게 살 수 있는 나라를 만들기 위해 노력하는 궁예에게 호감을 느꼈지요. 그러나 궁예가 신하들을 의심하고 죽이는 등 점점 난폭해지자, 왕건은 자신을 지지하는 사람들과 함께 궁예를 몰아내고 왕이 되었어요. 그리고 옛 고구려를 잇겠다는 뜻을 담아 나라 이름을 '고려'라고 했어요.

> 나는 딱 보고 사람의 마음을 꿰뚫어 볼 수 있으니 거짓말하면 가만 안 두겠다!

궁예

초기의 고려는 후백제보다 세력이 많이 약했어요. 후백제의 견훤이 신라를 침략할 때 왕건은 신라를 도우려고 후백제군과 공산에서 전투를 벌였지만 패배해 위기를 겪었어요. 그러나 몇 년 뒤 고창에서 벌어진 후백제군과의 전투에서는 고려군이 크게 승리했지요. 그 뒤 후백제의 견훤은 왕위 계승 문제로 궁지에 몰리자 후백제를 버리고 왕건에게 항복했지요. 힘이 약해진 신라의 경순왕도 스스로 왕건에게 항복했어요. 그 이후 왕건은 견훤과 함께 견훤의 아들 신검이 이끄는 후백제군을 물리쳐 마침내 후삼국을 통일했어요. 그리고 거란이 발해를 멸망시키자 고려는 발해 유민을 받아들여 진정한 민족 통일을 이루었답니다.

> 고려 안에서 모두 하나가 되자.

왕건

01 각 나라를 세운 사람의 이름을 찾아 선으로 이으세요.

(1) 후고구려 •   • ㉠ 왕건

(2) 후백제 •   • ㉡ 궁예

(3) 고려 •   • ㉢ 견훤

02 빈칸에 공통으로 들어갈 말을 찾아 ○ 하세요.

신라 말 세력을 키운 여러 ☐ 중에서 견훤과 궁예가 새로운 나라를

세웠어요. 고려를 세운 왕건도 송악의 ☐이었어요.

호족

유민

03 고려가 후삼국을 통일한 과정의 순서대로 번호를 쓰세요.

왕건은 견훤과 함께 견훤의 아들 신검이 이끄는 후백제군을 물리쳤어요. ☐

고창에서 벌어진 후백제군과의 전투에서 고려군이 승리했어요. ☐

견훤은 왕위 계승 문제로 궁지에 몰리자 후백제를 버리고 왕건에게 항복했어요. ☐

신라의 경순왕은 스스로 왕건에게 항복했어요. ☐

04 왕건에 대한 글을 읽고, 알맞은 말에 ○ 하세요.

(1) 고려를 세운 뒤 후백제와 신라를 무너뜨려 (삼국 | 후삼국)을 통일했어요.

(2) 거란에 의해 멸망한 (발해 | 고구려) 유민을 받아들였어요.

골칫거리 일을 잘못하거나 말썽만 피워 언제나 애를 태우게 하는 사람.

딴마음 겉으로 드러난 것과 다르게 배반하는 마음.

유지 어떤 상태나 상황 등을 그대로 이어 나감.

융합 다른 종류의 것이 녹아서 서로 구별이 없게 하나로 합해지거나 그렇게 만듦.

정책 정치적인 목적을 이루기 위한 방법.

충성 주로 임금이나 국가에 대하여 마음 깊은 곳에서 우러나오는 정성.

14

01 낱말에 대한 설명이 맞으면 ○, 틀리면 × 하세요.

(1) '융합'은 다른 종류의 것이 서로 구별되도록 하는 것을 말해요.   (   )

(2) '골칫거리'는 일을 잘못하거나 말썽만 피워 언제나 애를 태우게 하는
    사람을 말해요.   (   )

(3) '충성'은 주로 임금이나 국가에 대하여 마음 깊은 곳에서 우러나오는
    정성을 말해요.   (   )

02 초성을 참고하여 뜻에 알맞은 낱말을 빈칸에 쓰세요.

(1) | ㅇ | ㅈ | : 어떤 상태나 상황 등을 그대로 이어 나감.   ➡ [   ]

(2) | ㅈ | ㅊ | : 정치적인 목적을 이루기 위한 방법.   ➡ [   ]

(3) | ㄸ | ㅁ | ㅇ | : 겉으로 드러난 것과 다르게 배반하는 마음.   ➡ [   ]

03 빈 곳에 알맞은 낱말을 보기 에서 찾아 쓰세요.

| 보기 | 융합 | 유지 | 골칫거리 | 충성 | 딴마음 | 정책 |

(1) 역사 영화는 대부분 역사적 사실과 꾸며 낸 이야기를 _____한 거예요.

(2) 귀족들은 왕에게 _____을 맹세하고 땅과 관직을 받았어요.

(3) 농부는 식물이 잘 자라도록 온실의 온도를 일정하게 _____했어요.

(4) 셋째 왕자는 매일 놀기만 해서 왕의 _____ 아들이었어요.

(5) 나라에서는 어린이들의 사고 방지를 위해 교통안전 _____을 마련했어요.

(6) 그 장군은 _____을 먹고 나라의 비밀을 다른 나라에 알려 주었어요.

태조 왕건은 어떻게 나라를 안정시켰을까?

고려는 후삼국을 통일하고 새로운 통일 국가가 되었어요. 새 시대를 연 태조 왕건은 여러 정책을 마련해 나라를 안정시키려고 노력했어요.

태조는 골칫거리였던 호족을 자신의 편으로 만들기 위해 '호족 융합 정책'을 펼쳤어요. 그 래서 여러 호족의 딸들과 결혼해 부인이 무려 29명이나 되었지요. 또 충성을 약속하는 호 족들에게는 권력을 유지할 수 있도록 관직과 땅을 주고, 성이 없었던 호족들에게 자신의 성 과 같은 '왕'씨 성을 내려 주었어요. 한편 태조는 호족들에게 자신의 출신 지방을 다스리게 하는 '사심관 제도'와 호족들이 딴마음을 먹지 못하도록 그들의 자식을 도읍에 머물게 하는 '기인 제도'를 실시해 호족 세력을 적절히 견제했어요.

태조는 민족 융합 정책으로 신라와 후백제 출신을 가리지 않고 관직에 골고루 배치해 백 성들의 마음을 하나로 모으기 위해 노력했어요. 또 백성들의 생활을 안정시키기 위해 세금 을 줄여 주고, 가난한 백성들이 굶주리지 않도록 곡식을 빌려주었지요. 그리고 옛 고구려의 도읍인 서경을 중심으로 고구려의 옛 땅을 되찾기 위한 북진 정책을 펼쳤어요. 북쪽 지방 에 성을 쌓고 군대를 머무르게 해서 북쪽으로 영토를 확장하기 위해 노력했지요.

태조는 왕이 될 후손에게 열 가지 교훈을 유언으로 남겼어요. 이 교훈을 '훈요 10조'라고 해요. 훈요 10조에는 불교를 중요하게 여기며 백성을 잘 돌보고, 북진 정책의 중심인 서경 을 자주 찾으라는 등의 내용이 있어요. 여기에는 고려가 굳건히 유지되고 대대손손 번영하 기를 바라는 태조의 마음이 담겨 있답니다.

01 태조의 호족 융합 정책에 대해 바르게 말한 친구를 모두 찾아 ○ 하세요.

여러 호족의
딸들과
결혼했어.

소라

호족들의 권력을
유지시켜 주는 대신
땅을 바치게 했어.

또띠

호족들의 성을
모두 왕씨로 바꾸게
했어.

빵이

충성을 약속한
호족들에게 관직과
땅을 줬어.

핫또야

02 태조가 호족을 견제하기 위해 만든 제도에 대한 글을 읽고, 알맞은 말에 ○ 하세요.

호족들에게 자신의 출신 지방을 다스리게 하는 (기인 | 사심관) 제도를 실시했어요.

또 호족의 자식을 왕이 있는 도읍에 머물게 하는 (기인 | 사심관) 제도를 실시했어요.

03 태조의 정책에 대한 설명이 맞으면 ○, 틀리면 ✕ 하세요.

(1) 옛 고구려의 땅을 되찾기 위해 북진 정책을 펼쳤어요.   (   )

(2) 신라와 후백제 출신들에게는 관직을 주지 않았어요.   (   )

(3) 백성들에게 세금을 많이 걷어 나라에서 쓸 돈을 마련했어요.   (   )

(4) 가난한 백성들에게 곡식을 빌려주어 백성들이 굶주리지 않게 힘썼어요.   (   )

04 태조 왕건이 왕이 될 후손에게 유언으로 남긴 열 가지 교훈을 무엇이라고 하는지 쓰세요.

개혁 불합리한 제도나 기구 등을 새롭게 고침.

폐하, 실력이 있어도 관리가 못 되는 사람이 많습니다.

관리 뽑는 제도를 개혁하겠다. 앞으로 시험을 쳐서 관리를 뽑도록 하라.

벼슬 옛날에 나랏일을 하는 관리의 직분이나 자리.

아, 마침내 벼슬에 올라 나랏일을 하게 되는구나.

아들이 관리가 된 거 축하해요!

호호, 쟤가 어려서부터 워낙 똑똑했지요.

유학 중국 공자의 가르침을 바탕으로 정치와 도덕을 다루는 학문.

고려 때는 시험에 유학이 나왔대.

유학은 유교 경전을 연구하는 학문이야. 우리나라는 유학의 영향을 받아 도덕과 예절을 중요시하지.

공자

조정 옛날에 임금이 신하들과 나랏일을 의논하고 결정하던 곳. 또는 그런 기구.

나와 함께 조정에서 나랏일을 열심히 해 봅시다.

치열하다 기세나 세력 등이 타오르는 불꽃같이 몹시 사납고 세차다.

엎치락뒤치락 1등 경쟁이 치열하네.

후계자 어떤 일이나 사람의 뒤를 잇는 사람.

막내가 자네를 닮아서 일을 아주 잘하네.

나중에 막내를 후계자로 삼아 내 농장을 물려주려고.

01 (   ) 안에 알맞은 낱말을 **보기** 에서 찾아 기호를 쓰세요.

> **보기** ㉠ 치열하다 ㉡ 관리 ㉢ 임금 ㉣ 유학 ㉤ 사람 ㉥ 개혁

(1) 조정: 옛날에 (   )이 신하들과 나랏일을 의논하고 결정하던 곳. 또는 그런 기구.

(2) (   ): 기세나 세력 등이 타오르는 불꽃같이 몹시 사납고 세차다.

(3) (   ): 불합리한 제도나 기구 등을 새롭게 고침.

(4) 후계자: 어떤 일이나 사람의 뒤를 잇는 (   ).

(5) 벼슬: 옛날에 나랏일을 하는 (   )의 직분이나 자리.

(6) (   ): 중국 공자의 가르침을 바탕으로 정치와 도덕을 다루는 학문.

02 ☐☐ 안에서 알맞은 낱말을 골라 ○ 하세요.

(1) 사장은 회사 안에서 재능이 가장 뛰어난 직원을 | 가해자 후계자 | 로 삼았어요.

(2) 양반집 아들은 열심히 과거 공부를 해 | 왕위 벼슬 | 에 올랐어요.

(3) 양 팀의 선수들은 축구공을 차지하려고 몸싸움이 | 치열했어요 친밀했어요 |.

03 빈칸에 알맞은 낱말이 차례대로 묶인 것을 고르세요. (   )

> • 신하들은 백성들이 잘 살 수 있게 잘못된 제도를 ☐하고자 했어요.
>
> • 왕은 ☐의 내용 중에서 왕에게 정성을 다하는 '충'을 중요시했어요.
>
> • ☐은 가뭄으로 어려운 백성들을 위해 세금을 줄여 주기로 결정했어요.

① 유학 – 조정 – 개혁   ② 개혁 – 조정 – 유학

③ 개혁 – 유학 – 조정   ④ 유학 – 개혁 – 조정

고려의 기틀을 다진 광종과 성종

태조 왕건이 죽고 난 후 후계자를 둘러싼 호족들의 치열한 다툼으로 왕권이 약해졌어요. 이런 상황에서 왕권을 강화해 나라의 기틀을 마련한 왕이 광종과 성종이에요.

광종은 호족 세력을 억누르고 왕권을 강화하기 위해 개혁 정치를 펼쳤어요. 먼저 억울하게 노비가 된 사람들을 양인으로 풀어 주기 위해 '노비안검법'을 실시했어요. 호족에게 노비는 재산이었으므로 노비 수를 줄여 호족의 힘을 약하게 만들 수 있었어요. 또한 양인은 노비와 달리 나라에 세금을 내고 군대에 갈 의무가 있었기 때문에 양인이 많아지면 왕의 권력이 강해질 수 있었지요.

광종은 호족을 견제하는 방법으로 공정하게 시험을 봐서 관리를 뽑는 '과거제'를 실시했어요. 신분이나 가문과 상관없이 유교적 지식과 능력에 따라 인재를 뽑아 왕권을 강화하고자 했지요. 또 왕이 가장 높다는 것을 알게 하려는 의도로 관리들의 관복 색깔을 다르게 해 벼슬의 높고 낮음을 한눈에 알아볼 수 있게 했어요. 광종의 이러한 정책을 반대하는 호족들도 있었지만, 광종은 불만을 보인 호족들을 모두 제거해 왕권을 강화했지요.

성종은 광종이 이루어 놓은 안정된 왕권을 바탕으로 나라의 제도를 정비했어요. 특히 최승로가 조정에서 해야 할 일을 적어 올린 '시무 28조'라는 개혁안을 받아들여 유교를 정치의 중심으로 삼아 제도를 정비했어요. 그리고 지방 호족의 힘을 억누르고 왕의 권한이 지방까지 미치도록 교통이 편리한 지방 12곳에 '목'을 설치하고, 그곳에 지방 관리인 '목사'를 보냈지요. 또 유학 교육을 장려하기 위해 지방에는 '향교', 개경에는 최고 교육 기관인 '국자감'이라는 학교를 세웠답니다.

이제부터 나, 광종을 황제라 불러라. 고려는 황제의 나라다!

네, 황제 폐하!

네, 황제 폐하!

1주
3일

01 광종이 억울하게 노비가 된 사람들을 양인으로 풀어 주기 위해 만든 법을 쓰세요.

02 광종이 한 일에 대한 설명이 맞는 것을 모두 찾아 ✔ 하세요.

(1) 호족 세력을 억누르고 왕권을 강화하는 개혁 정치를 펼쳤어요.

(2) 호족이 가진 노비 수를 줄여 호족의 힘을 약하게 만들었어요.

(3) 모든 관리들의 관복 색깔을 똑같게 했어요.

(4) 자신의 정책에 반대하는 호족들을 설득하려고 노력했어요.

03 광종에 대한 글을 읽고, 알맞은 말에 ○ 하세요.

광종은 공정하게 시험을 봐서 관리를 뽑는 (과거제 | 추천제)를 실시했어요. 신분이나 가문과 상관없이 (불교적 | 유교적) 지식과 (능력 | 세력)에 따라 인재를 뽑았어요.

04 성종에 대한 글을 읽고, 초성을 참고하여 알맞은 말을 차례대로 쓰세요.

최승로가 올린 'ㅅ ㅁ 28조'라는 개혁안을 받아들여 유교를 정치의 중심으로 삼아 제도를 정비했어요. 그리고 유학 교육을 장려하기 위해 지방에는 ㅎ ㄱ , 개경에는 ㄱ ㅈ ㄱ 이라는 학교를 세웠어요.

　　　　　　　，　　　　　　　，

국경 나라와 나라의 국토를 나누는 경계.

담판 서로 맞선 관계에 있는 둘이 논의하여 옳고 그름을 따져 결론을 내림.

둑 하천이나 호수의 물이 흘러넘치는 것을 막기 위해 돌이나 흙 등으로 높이 막아 쌓은 긴 언덕.

물벼락 갑자기 세차게 쏟아지는 물. 또는 그런 물을 뒤집어쓰게 되는 일.

우호적 개인끼리나 나라끼리 서로 사이가 좋은 것.

지휘 목적을 효과적으로 이루기 위해 단체의 행동을 다스림.

1주
4일

01 친구들의 물음에 알맞은 낱말을 보기 에서 찾아 빈칸에 쓰세요.

보기   국경   우호적   지휘

개인끼리나 나라끼리 서로 사이가 좋은 것을 뭐라고 할까?

나라와 나라의 국토를 나누는 경계를 뭐라고 할까?

목적을 효과적으로 이루기 위해 단체의 행동을 다스리는 것을 뭐라고 할까?

(1) [   ]   (2) [   ]   (3) [   ]

02 낱말의 뜻을 보기 에서 찾아 기호를 쓰세요.

보기

㉠ 하천이나 호수의 물이 흘러넘치는 것을 막기 위해 돌이나 흙 등으로 높이 막아 쌓은 긴 언덕.

㉡ 갑자기 세차게 쏟아지는 물. 또는 그런 물을 뒤집어쓰게 되는 일.

㉢ 서로 맞선 관계에 있는 둘이 논의하여 옳고 그름을 따져 결론을 내림.

(1) 둑 (   )   (2) 담판 (   )   (3) 물벼락 (   )

03 (   ) 안에서 알맞은 낱말을 골라 ○ 하세요.

(1) 이번 홍수로 하천을 막은 (둑 | 독)의 일부분이 무너졌어요.

(2) 고려의 사신은 전쟁하지 않기 위해 거란과 (출판 | 담판)을 벌였어요.

(3) 영화감독은 촬영 현장을 (지휘 | 지출)해 좋은 연기와 장면을 만들었어요.

(4) 정수는 좋은 일을 많이 하는 배우에게 (우호적 | 배타적)인 감정이 생겼어요.

(5) 우리는 게임에서 지는 바람에 물 풍선이 터져 (돌벼락 | 물벼락)을 맞았어요.

(6) 나이아가라 폭포는 캐나다와 미국의 (국경 | 국력) 지역에 있는 큰 폭포예요.

고려는 거란의 침입을 어떻게 막아 냈을까?

고려는 중국 송과는 우호적으로 지냈지만 발해를 멸망시킨 거란은 경계했어요. 거란은 송의 북쪽 지역에서 세력을 키우며 '요'라는 나라를 세우고 송까지 위협했지요.

거란은 장수 소손녕과 80만 대군을 보내 송과 친한 고려를 침입했어요. 고려의 서희는 거란이 송을 견제하기 위해 고려를 침입했다는 것을 알고, 소손녕과 담판을 벌였어요. 소손녕은 고구려의 옛 땅을 거란에 내놓으라고 했고, 서희는 고려는 고구려를 잇는 나라이니 고구려의 옛 땅은 고려 땅이라고 주장했지요. 또 소손녕이 고려가 거란을 멀리하는 것을 문제 삼자, 서희는 여진이 길을 막고 있어서 그러니 여진을 몰아내면 거란과 교류하겠다고 했어요. 이 담판으로 고려는 송과 관계를 끊고 거란과 교류하기로 하고, 압록강 동쪽의 '강동 6주'를 차지하게 되었지요.

그러나 고려가 송과의 관계를 유지하자 거란은 40만 대군을 이끌고 다시 고려를 침입했어요. 고려는 개경이 함락되는 위기를 겪기도 했어요. 그러나 양규가 지휘하는 고려군이 자기 나라로 돌아가는 거란군을 끈질기게 공격해 큰 피해를 주기도 했지요.

거란의 2차 침입 이후 거란은 강동 6주를 돌려줄 것과 고려 왕이 거란의 황제를 만나러 올 것을 요구했으나 고려가 이를 거절하자 3차로 고려를 침입했어요. 이때 고려의 강감찬은 거란군이 들어오는 골짜기의 냇물을 막아 놓고 기다리다 거란군이 냇물을 건널 때 둑을 터뜨렸어요. 물벼락을 맞고 큰 피해를 본 거란군은 후퇴할 수밖에 없었고, 강감찬은 후퇴하는 거란군을 쫓아가 귀주에서 큰 승리를 거두었지요. 이 싸움을 '귀주 대첩'이라고 해요. 이후 고려는 압록강 끝에서 동해안까지 국경을 따라 '천리장성'을 쌓아 거란과 여진의 침략에 대비했답니다.

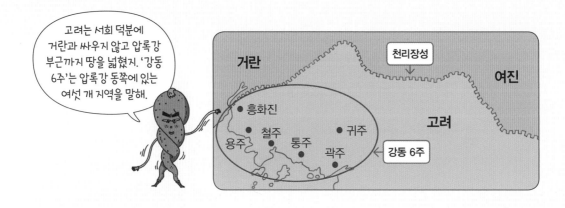

고려는 서희 덕분에 거란과 싸우지 않고 압록강 부근까지 땅을 넓혔지. '강동 6주'는 압록강 동쪽에 있는 여섯 개 지역을 말해.

01 거란이 송의 북쪽 지역에서 세력을 키우며 세운 나라를 고르세요. (   )

① 당   ② 위   ③ 오   ④ 요

02 거란의 침입에 대한 설명이 맞으면 '예', 틀리면 '아니요'에 ○ 하세요.

(1) 1차 침입 때 서희가 거란의 장수 소손녕과 담판을 지어
고려 땅을 내주었어요.

예	아니요

(2) 2차 침입 때 양규는 자기 나라로 돌아가는 거란군을 끈질기게
공격해 큰 피해를 주었어요.

예	아니요

(3) 3차 침입 때 강감찬은 거란군이 들어오는 골짜기의 냇물을 막아
놓고 기다리다가 둑을 터뜨려 거란군에 큰 피해를 주었어요.

예	아니요

03 고려와 거란의 전쟁에 대한 설명으로 <u>틀린</u> 것을 고르세요. (   )

① 거란은 송을 견제하기 위해 고려를 침입했어요.

② 서희는 거란에 고구려의 옛 땅을 내주는 대신 여진족을 몰아내 달라고 했어요.

③ 고려는 거란의 2차 침입을 받아 개경이 함락되는 위기를 겪었어요.

④ 고려가 강동 6주를 돌려 달라는 요구를 거절하자 거란은 3차 침입을 했어요.

04 무엇에 대한 설명인지 알맞은 것을 찾아 선으로 이으세요.

(1) 소손녕과 벌인 서희의 담판으로 차지하게
된 압록강 동쪽의 여섯 개 지역이에요.   •   • ㉠ **귀주 대첩**

(2) 강감찬과 후퇴하는 거란군이 귀주에서
벌인 싸움이에요.   •   • ㉡ **천리장성**

(3) 거란의 침입 후 압록강 끝에서
동해안까지 국경을 따라 쌓은 성이에요.   •   • ㉢ **강동 6주**

건의 어떤 문제에 대하여 의견이나 바라는 사항을 정식으로 제시함.

근거지 어떤 활동을 하는 데 중심인 곳.

난 전쟁 따위와 같이 나라 안팎에서 일어나는 큰 싸움.

노략질 떼를 지어 다니며 사람을 해치거나 재물을 뺏는 짓.

유배 옛날에 죄지은 사람을 먼 시골이나 섬으로 보내던 일.

천도 도읍을 옮김.

01 빈 곳에 알맞은 낱말을 보기 에서 찾아 쓰세요.

보기   유배   싸움   중심   도읍   건의   재물

(1) 노략질 : 떼를 지어 다니며 사람을 해치거나 _____을 뺏는 짓.

(2) _____ : 어떤 문제에 대하여 의견이나 바라는 사항을 정식으로 제시함.

(3) _____ : 옛날에 죄지은 사람을 먼 시골이나 섬으로 보내던 일.

(4) 천도 : _____을 옮김.

(5) 근거지 : 어떤 활동을 하는 데 _____인 곳.

(6) 난 : 전쟁 따위와 같이 나라 안팎에서 일어나는 큰 _____.

02 ( ) 안에 알맞은 낱말을 보기 에서 찾아 기호를 쓰세요.

보기

㉠ 유배

㉡ 천도

㉢ 노략질

(1) 왕은 도읍을 북쪽으로 ( )해서 영토 확장에 힘을 쏟았어.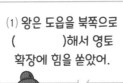

(2) 나라에 큰 죄를 지은 신하는 섬으로 ( )를 갔어.

(3) 산적은 떼를 지어 산을 돌아다니며 ( )을 했어.

03 빈칸에 알맞은 낱말을 찾아 선으로 이으세요.

(1) 왕은 군사를 보내 천민들이 일으킨 ☐을 진압했어요.   •   • ㉠ 건의

(2) 형사들은 마침내 범죄를 저지른 집단의 ☐를 찾아냈어요.   •   • ㉡ 근거지

(3) 나는 새로 나온 책을 구입해 달라고 도서관에 ☐했어요.   •   • ㉢ 난

안팎으로 흔들리는 고려

12세기 초 고려는 나라 밖으로는 여진 때문에, 안으로는 난 때문에 시끄러웠어요.

여진은 만주 지역에 살던 민족으로 고려에 특산물을 바치며 고려를 부모의 나라로 섬겼어요. 그러나 점차 세력이 커지자 고려에 들어와 노략질을 일삼았어요. 윤관은 여진을 정벌하려고 했지만 말을 타고 다니는 여진군을 당하기가 어려웠어요. 그래서 윤관은 왕에게 건의해 말을 타고 싸우는 '별무반'이라는 특별 부대를 만들었고, 마침내 여진을 정벌했지요. 그리고 여진의 근거지였던 동북 지방에 9개의 성을 쌓아 그곳에 고려 사람들을 살게 했어요. 이곳을 '동북 9성'이라고 해요.

나라 안에서는 최고 문벌 귀족인 경원 이씨 집안 때문에 시끄러웠어요. 문벌 귀족은 고려 최상위 지배층을 말해요. 이들은 음서제로 과거를 보지 않고도 관직에 오르고, 관리에게 지급하는 땅인 공음전을 자손에게 물려주며 대대로 귀족의 지위를 누렸어요. 특히 딸들을 왕과 결혼시킨 이자겸은 인종의 외할아버지이자 장인으로 모든 권력을 쥐고 휘둘렀어요. 인종이 권력을 되찾기 위해 이자겸을 없애려고 하자 이자겸은 난을 일으켜 인종을 공격했어요. 그러나 난은 실패로 끝났고 이자겸은 유배를 가게 되었지요. 그 이후 고려의 문벌 귀족 사회는 점점 흔들리기 시작했어요.

이자겸의 난으로 궁궐이 불타 없어지자 서경 출신의 승려 묘청이 풍수지리를 내세우며 도읍을 개경에서 서경으로 천도할 것을 권했어요. 이것을 '서경 천도 운동'이라고 해요. 하지만 김부식을 포함한 개경 귀족들의 반대로 묘청은 뜻을 이루지 못했지요. 묘청은 난을 일으켜 서경에 새로운 나라를 세우려고 했지만 이 역시 물거품이 되었답니다.

01 물음에 알맞은 사람은 누구인지 쓰세요.

특별 부대인 별무반을
만들어 여진을 물리친
사람은 누구일까요?

도읍을 서경으로
옮기자고 주장한 승려는
누구일까요?

인종의 외할아버지이자
장인으로 모든 권력을 가진
사람은 누구일까요?

(1)

(2)

(3)

02 고려와 여진에 대해 <u>틀리게</u> 말한 아이를 찾아 이름을 쓰세요. (   )

- **수아** : 여진은 만주 지역에 살던 민족인데 고려가 부모의 나라로 섬겼대.
- **채원** : 여진은 고려에 들어와 노략질을 했어.
- **지호** : 고려는 여진을 정벌하기 위해 말을 타고 싸우는 특별 부대를 만들었어.
- **승우** : 고려는 여진의 근거지였던 동북 지방에 동북 9성을 쌓았대.

03 이자겸의 난에 대한 글을 읽고, 알맞은 말에 ○ 하세요.

이자겸은 고려 최고의 (문벌 | 무신) 귀족으로 딸들을 왕과 결혼시키면서 큰 권력을
휘둘렀어요. 인종이 이자겸을 없애려고 하자 이자겸은 난을 일으켰어요. 하지만
이자겸의 난은 (성공 | 실패)(으)로 끝났어요.

04 묘청의 난이 일어나게 된 과정의 순서대로 번호를 쓰세요.

묘청이 난을 일으켜
서경에 새로운 나라를
세우려고 했어요.

김부식을 포함한 개경
귀족들은 서경 천도를
반대했어요.

묘청이 풍수지리를
내세우며 도읍을
서경으로 옮기자고
했어요.

뜻에 알맞은 낱말을 찾은 다음, 낱말과 짝 지어진 글자를 차례대로 빈칸에 쓰세요.

① 왕이나 권력자의 자리를 물려받음.

② 어떤 대상에 대하여 느끼는 좋은 감정.

③ 겉으로 드러난 것과 다르게 배반하는 마음.

④ 옛날에 나랏일을 하는 관리의 직분이나 자리.

⑤ 어떤 일이나 사람의 뒤를 잇는 사람.

⑥ 나라와 나라의 국토를 나누는 경계.

⑦ 갑자기 세차게 쏟아지는 물. 또는 그런 물을 뒤집어쓰게 되는 일.

⑧ 떼를 지어 다니며 사람을 해치거나 재물을 뺏는 짓.

⑨ 옛날에 죄지은 사람을 먼 시골이나 섬으로 보내던 일.

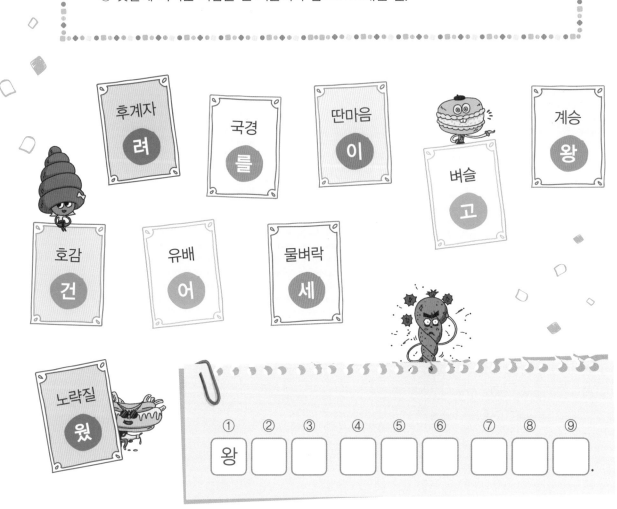

후계자 — 려
국경 — 를
딴마음 — 이
계승 — 왕
벼슬 — 고
호감 — 건
유배 — 어
물벼락 — 세
노략질 — 웠

①	②	③	④	⑤	⑥	⑦	⑧	⑨
왕								

화살표 방향대로 가면서 글의 내용이 맞으면 ○, 틀리면 ✕ 하세요. 그런 다음 ○를 한 곳에 있는 숫자를 차례대로 빈칸에 쓰세요.

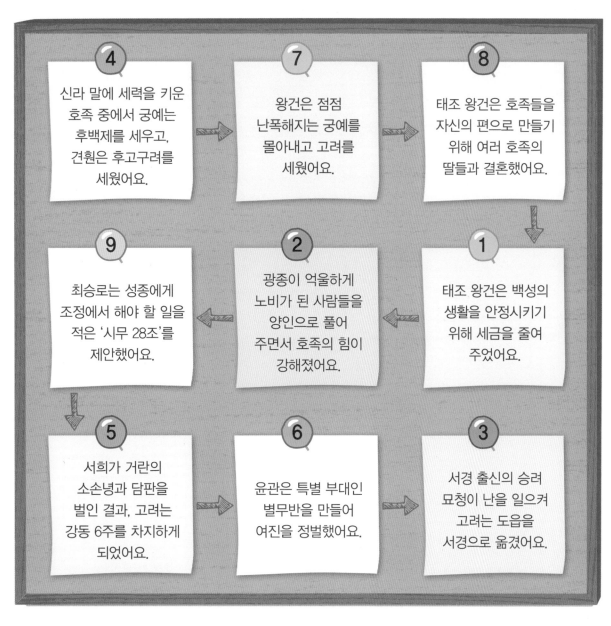

④ 신라 말에 세력을 키운 호족 중에서 궁예는 후백제를 세우고, 견훤은 후고구려를 세웠어요.

⑦ 왕건은 점점 난폭해지는 궁예를 몰아내고 고려를 세웠어요.

⑧ 태조 왕건은 호족들을 자신의 편으로 만들기 위해 여러 호족의 딸들과 결혼했어요.

⑨ 최승로는 성종에게 조정에서 해야 할 일을 적은 '시무 28조'를 제안했어요.

② 광종이 억울하게 노비가 된 사람들을 양인으로 풀어 주면서 호족의 힘이 강해졌어요.

① 태조 왕건은 백성의 생활을 안정시키기 위해 세금을 줄여 주었어요.

⑤ 서희가 거란의 소손녕과 담판을 벌인 결과, 고려는 강동 6주를 차지하게 되었어요.

⑥ 윤관은 특별 부대인 별무반을 만들어 여진을 정벌했어요.

③ 서경 출신의 승려 묘청이 난을 일으켜 고려는 도읍을 서경으로 옮겼어요.

컴퓨터 비밀번호가 뭘까? 숫자를 찾아서 차례대로 써 봐.

비밀번호

2주 고려 시대 2

1일

어휘 | 국제도시, 규범, 무역항, 상인, 연등, 의식
독해 | 세계에 이름을 알린 고려

2일

어휘 | 깔보다, 무예, 비웃다, 정권, 정변, 차별
독해 | 정변으로 권력을 잡은 무신들

3일

어휘 | 강화, 공물, 유목, 잿더미, 초원, 해산
독해 | 세계 최강 몽골과 싸우다

5일

어휘 | 가마, 도공, 예술품, 유약, 천하제일, 활자
독해 | 고려의 뛰어난 문화와 기술

4일

어휘 | 간섭, 궁녀, 기마병, 등용, 변발, 풍습
독해 | 원의 간섭과 공민왕의 개혁

6일

복습
교과서 속 책 읽기

국제도시 외국인이 많이 살거나 외국인이 자주 오고 가는 도시.

규범 한 사회의 구성원으로서 따르고 지켜야 할 원리나 행동 양식.

무역항 다른 나라의 배가 드나들면서 물건을 사고팔 수 있도록 허가를 받은 항구.

상인 장사를 하는 사람.

연등 연등놀이를 할 때 밝히는 연꽃 모양의 등.

의식 정해진 방법이나 절차에 따라 치르는 행사.

01 빈칸에 알맞은 글자를 모두 찾아 ○ 하세요.

(1) □□: 한 사회의 구성원으로서 따르고 지켜야 할 원리나 행동 양식.   규 모 출 범

(2) □□: 정해진 방법이나 절차에 따라 치르는 행사.   양 의 심 식

(3) □□: 장사를 하는 사람.   상 인 벌 삼

02 (   ) 안에서 알맞은 낱말을 골라 ○ 하세요.

(1) (전등 | 연등): 연등놀이를 할 때 밝히는 연꽃 모양의 등.

(2) (국제도시 | 전원도시): 외국인이 많이 살거나 외국인이 자주 오고 가는 도시.

(3) (무역상 | 무역항): 다른 나라의 배가 드나들면서 물건을 사고팔 수 있도록 허가를 받은 항구.

03 (   ) 안에 알맞은 낱말을 보기 에서 찾아 기호를 쓰세요.

보기   ㉠ 상인   ㉡ 의식   ㉢ 무역항   ㉣ 연등   ㉤ 규범   ㉥ 국제도시

(1) 이 항구는 세계 여러 나라의 배가 무역하러 드나드는 (   )이에요.

(2) 성철이는 학교 (   )을 어겨 벌점을 받았어요.

(3) 시장의 (   )들은 새벽부터 나와 판매할 물건을 정리하느라 바빴어요.

(4) 부처님 오신 날이 되면 거리에 형형색색의 아름다운 (   )이 걸려요.

(5) 외국인이 많이 사는 (   )에는 여러 나라의 음식점들이 많아요.

(6) 옛날에는 보통 열다섯 살에 어른 대우를 해 주는 (   )을 치렀어요.

세계에 이름을 알린 고려

고려는 세계 여러 나라와 활발하게 교류했어요. 송, 거란, 여진, 일본뿐만 아니라 아라비아 상인과도 교류했는데, 아라비아 상인을 통해 고려는 '코리아'라는 이름으로 외국에 알려지게 되었어요.

벽란도는 황해도 예성강 하류에 있는 고려의 대표적인 무역항으로 외국 사신과 상인들로 북적였어요. 벽란도는 고려의 도읍인 개경과도 가깝고, 물이 깊어 배가 드나들기에도 좋은 항구였지요.

고려는 중국의 송과 가장 활발하게 교류했어요. 송의 상인들은 고려에 비단, 약재, 서적, 자기 등을 팔았고, 고려의 금, 은, 인삼, 나전 칠기 등을 사 갔지요. 아라비아 상인들은 수은, 향료, 산호 등의 물건을 고려로 가져와 팔았어요. 벽란도로 들어온 외국 상인들은 개경으로 들어가서 가게를 차려 장사를 하기도 했어요. 그래서 개경은 외국 상인들이 끊임없이 오가는 국제도시로 발전했지요.

▲ 고려의 무역선이 항해하는 모습이 새겨진 청동 거울 (국립 중앙 박물관)

고려가 세계 여러 나라와 교류한 것은 고려의 큰 국가 행사이자 국제적인 행사였던 팔관회를 통해서도 알 수 있어요. 팔관회는 원래 불교를 믿는 사람들이 지켜야 할 여덟 가지 규범을 지키며 몸과 마음을 바르게 하는 의식이지만, 백성들이 믿던 하늘의 신 등에게 제사를 지내며 나라의 평안을 비는 행사이기도 했어요. 팔관회가 열리면 송, 일본, 여진에서 온 사신과 멀리 아라비아 상인들까지 참석해 고려의 왕에게 축하 인사와 선물을 바쳤어요.

팔관회 외에 연등회도 고려의 가장 큰 불교 행사로, 인도의 불교 의식이 고려에 들어와 자리 잡은 행사예요. 연등회는 부처의 은혜에 감사하고 부처에게 복을 비는 행사로, 밤새 연등에 불을 켜고 온 백성들이 거리로 나와 즐기는 축제이기도 했답니다.

코리아 최고! 물건도 좋고, 팔관회도 멋지고!

KOREA

아라비아 상인

01 고려에 대한 글을 읽고, 빈 곳에 알맞은 말을 쓰세요.

> (1) 아라비아 상인이 고려를 _____라는 이름으로 외국에 알렸어요.
>
> (2) 고려의 대표적인 무역항인 _____는 물이 깊고 배가 드나들기 좋은 항구였어요.

02 송과 아라비아 상인이 고려에 와서 판 물건을 보기 에서 모두 찾아 기호를 쓰세요.

보기   ㉠ 수은   ㉡ 비단   ㉢ 자기   ㉣ 산호   ㉤ 향료   ㉥ 약재

(1) 송 상인 (,   ,   )   (2) 아라비아 상인 (,   ,   )

03 고려의 교류 모습에 대한 설명이 맞으면 ○, 틀리면 X 하세요.

> (1) 고려와 가장 활발하게 물건을 사고팔았던 나라는 아라비아예요.   (   )
>
> (2) 고려는 송, 아라비아와는 교류했지만 거란, 일본과는 교류하지 않았어요. (   )
>
> (3) 벽란도로 들어온 외국 상인들은 개경으로 가서 장사를 하기도 했어요.   (   )
>
> (4) 개경은 외국 상인들이 끊임없이 오가는 국제도시로 발전했어요.   (   )

04 연등회와 팔관회에 대해 바르게 말한 친구를 모두 찾아 ○ 하세요.

연등회는 부처의 은혜에 감사하고 부처에게 복을 비는 행사야.

핫또야

팔관회 때 백성들이 믿던 하늘의 신 등에게 제사를 지내며 나라의 평안을 빌었어.

빵이

연등회는 불교를 믿는 사람들이 지켜야 할 여덟 가지 규범을 지키는 의식이야.

롱이

팔관회는 국가 행사로 외국 사신들은 참석하지 못했어.

소라

깔보다 다른 사람을 낮추어 보고 무시하다.

무슨 책 읽어? 재미있어 보인다.

영어책인데 넌 어려워서 못 읽을 거야.

쟤 깔보지 마. 미국에서 살다 와서 영어 엄청 잘해.

무예 무술에 관한 재주.

히히, 뭐 해? 춤추는 거야?

우리 전통 무예인 택견이야. 이렇게 부드럽게 움직이다 손과 발을 이용해 빠르게 상대를 공격해.

비웃다 어떤 사람, 또는 그의 행동을 흉을 보듯이 기분 나쁘게 웃다.

너 줄넘기 다섯 번밖에 못 넘었다며? 줄넘기 잘한다고 자랑하더니.

너, 나 비웃는 거야?

연습을 더 하면 잘할 수 있을 거야.

정권 정치를 맡아 행하는 권력.

우리 무신들이 정권을 잡았으니 가진 거 다 내놔!

정권을 차지하더니 마음대로 권력을 휘두르는구먼.

정변 혁명이나 쿠데타 등 법에 어긋나는 방법으로 정권이 바뀌는 일.

왕과 문신을 쫓아내겠다고 정변을 일으키다니!

왕을 내쫓아라!

문신들을 없애고 정권을 바꾸자!

차별 둘 이상의 대상을 차이를 두어서 구별함.

다 놀았으면 동생과 같이 방 좀 치우렴.

엄마는 왜 차별 대우를 하세요? 저번에 나 혼자 방을 치웠으니까 이번에는 동생 혼자 치워야지요.

2주
2일

01 낱말의 뜻을 보기 에서 찾아 기호를 쓰세요.

> **보기**
>
> ㉠ 어떤 사람, 또는 그의 행동을 흉을 보듯이 기분 나쁘게 웃다.
>
> ㉡ 둘 이상의 대상을 차이를 두어서 구별함.
>
> ㉢ 무술에 관한 재주.
>
> ㉣ 혁명이나 쿠데타 등 법에 어긋나는 방법으로 정권이 바뀌는 일.
>
> ㉤ 다른 사람을 낮추어 보고 무시하다.
>
> ㉥ 정치를 맡아 행하는 권력.

(1) 무예 (   )   (2) 깔보다 (   )   (3) 차별 (   )

(4) 정권 (   )   (5) 정변 (   )   (6) 비웃다 (   )

02 빈칸에 알맞은 낱말이 차례대로 묶인 것을 고르세요. (   )

> • 저 농구 선수를 키가 작다고 [   ] 우리 팀이 경기에 질 수도 있어요.
>
> • 내가 아이돌 가수가 되겠다고 했더니 동생이 [   ] 기분이 나빴어요.
>
> • 국민들은 독재 [   ]을 반대하는 시위를 벌였어요.

① 깔보면 – 정권 – 비웃어   ② 깔보면 – 비웃어 – 정권

③ 비웃어 – 깔보면 – 정권   ④ 비웃어 – 정권 – 깔보면

03 빈 곳에 알맞은 낱말을 보기 에서 찾아 쓰세요.

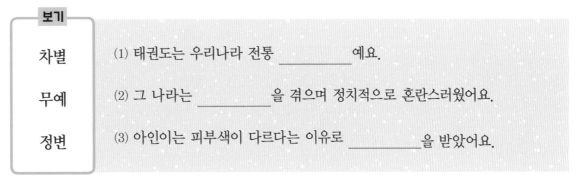

> **보기**
>
> 차별
>
> 무예
>
> 정변

(1) 태권도는 우리나라 전통 _____예요.

(2) 그 나라는 _____을 겪으며 정치적으로 혼란스러웠어요.

(3) 아인이는 피부색이 다르다는 이유로 _____을 받았어요.

정변으로 권력을 잡은 무신들

고려의 무신은 문신에 비해 지위도 낮고 차별 대우도 심하게 받았어요. 특히 의종은 무신을 더욱 차별하였지요. 의종은 문신들과 놀이를 즐길 때 무신들에게는 경비를 서는 호위병 노릇을 시키기도 했어요. 이렇다 보니 문신들은 무신들을 더욱 깔보았고, 무신들의 불만은 점점 커졌지요.

하루는 잔치를 벌이던 의종이 무신들에게 맨손으로 무예를 겨루는 수박희를 시켰어요. 나이 많은 대장군 이소응이 젊은 무신에게 지자, 이를 구경하던 젊은 문신인 한뢰가 이소응의 뺨을 때리며 비웃었지요. 이것을 본 무신들은 화가 폭발해 그날 밤 닥치는 대로 문신들을 없애고, 의종도 내쫓았어요. 이 사건이 '무신 정변'이에요.

정변 이후 고려는 무신들이 권력을 틀어쥐고 정치를 하는 '무신 정권' 시기가 되었어요. 무신 중에 최충헌이 최고 권력을 잡았고, 고려를 제 마음대로 다스렸지요. 최씨 정권은 60여 년 동안 이어졌어요.

정권을 잡은 무신들은 백성을 위한 정치를 하기보다 자신들의 이익을 채우기에 바빴어요. 백성들의 토지를 빼앗고 세금을 많이 거두었지요. 결국 살기 힘든 농민과 천민들은 봉기를 일으켰어요. 공주 명학소에서는 망이와 망소이 형제를 중심으로 그 지역에 사는 백성들이 무거운 세금과 차별에 항의하며 난을 일으켰으나 군대에 진압되고 말았어요.

최충헌의 노비 만적도 노비 신세에서 벗어나고자 다른 노비들과 함께 난을 일으키려 했지만, 계획이 들통나 실패하고 말았어요. 하지만 미천한 신분에서 벗어나 자신들의 권리를 찾으려는 노비와 농민들의 난은 계속되었답니다.

무신들은 문신들 못지않게 백성들을 힘들게 했어.

더 이상의 차별을 견딜 수 없다! 세상을 바꾸자!

01 고려의 무신과 문신에 대한 설명으로 틀린 것을 고르세요. (   )

① 무신이 문신에 비해 지위가 낮았어요.

② 의종은 무신을 더욱 차별했어요.

③ 무신은 의종이 문신들과 놀이를 즐길 때 경비를 서야 했어요.

④ 문신은 무신이 비록 지위가 낮더라도 존중해 주었어요.

02 친구들의 물음에 알맞은 말을 쓰세요.

고려 때 무신이 권력을 틀어쥐고 정치를 하던 시기를 뭐라고 할까?

(1) [   ]

무신들이 군사를 일으켜 문신들을 없애고, 의종까지 내쫓은 사건을 뭐라고 할까?

(2) [   ]

03 무신 정권에 대한 설명이 맞으면 '예', 틀리면 '아니요'에 ○ 하세요.

(1) 문신이 정권을 잡을 때보다 백성들의 삶이 훨씬 나아졌어요. | 예 | 아니요 |

(2) 최충헌이 권력을 잡았고, 최씨 정권은 60여 년 동안 이어졌어요. | 예 | 아니요 |

(3) 백성들의 토지를 빼앗고 세금을 많이 거두었어요. | 예 | 아니요 |

04 난에 대한 설명을 읽고, 알맞은 말에 ○ 하세요.

명학소에서 (노비 만적 | 망이와 망소이 형제)을/를 중심으로 그 지역에 사는

백성들이 무거운 세금과 차별에 항의하며 난을 일으켰으나 군대에 진압되었어요.

강화 싸우던 두 편이 싸움을 그치고 평화로운 상태가 됨.

공물 옛날에 힘이 약한 나라에서 힘이 강한 나라에 바치던 물건이나 곡식.

유목 소나 양과 같은 가축이 먹을 풀과 물을 찾아 옮겨 다니면서 삶.

잿더미 불에 타서 부서지고 무너져 못 쓰게 된 자리를 비유적으로 이르는 말.

초원 풀이 난 들판.

해산 집단, 조직, 단체 등이 흩어져 없어짐. 또는 없어지게 함.

01 뜻에 알맞은 낱말이 되도록 **보기** 에서 글자를 모두 찾아 빈칸에 쓰세요.

보기	공	강	물	유	화	목

(1) 소나 양과 같은 가축이 먹을 풀과 물을 찾아 옮겨 다니면서 삶. ……… ☐ ☐

(2) 싸우던 두 편이 싸움을 그치고 평화로운 상태가 됨. ……………… ☐ ☐

(3) 옛날에 힘이 약한 나라에서 힘이 강한 나라에 바치던 물건이나 곡식. … ☐ ☐

02 낱말의 뜻을 찾아 선으로 이으세요.

(1) 잿더미 •

(2) 초원 •

(3) 해산 •

• ㉠ 집단, 조직, 단체 등이 흩어져 없어짐.

• ㉡ 풀이 난 들판.

• ㉢ 불에 타서 부서지고 무너져 못 쓰게 된 자리를 비유적으로 이르는 말.

03 ☐☐ 안에서 알맞은 낱말을 골라 ○ 하세요.

(1) 풀이 난 넓은 │ 초원 │ 사막 │ 에서 말을 타니 재미있었어요.

(2) 전쟁 때문에 마을이 불타서 │ 흙더미 │ 잿더미 │ 가 되었어요.

(3) 몽골 민족은 양을 키우며 │ 정착 │ 유목 │ 생활을 했어요.

(4) 내가 좋아하던 연극 단체가 │ 해산 │ 조직 │ 되어 없어졌어요.

(5) 적국에서 사신이 와서 싸우지 말고 │ 강조 │ 강화 │ 하자는 제안을 했어요.

(6) 옛날에 힘이 약한 나라는 힘이 강한 나라에 │ 공물 │ 공적 │ 을 바쳐야 했어요.

세계 최강 몽골과 싸우다

고려가 무신 정권일 때 중국에서는 칭기즈 칸이 초원에서 유목 생활을 하던 몽골의 여러 부족을 통일했어요. 몽골은 고려를 침입한 거란을 물리쳐 준 대가로 고려에 공물을 요구했어요. 고려는 몽골의 무리한 공물 요구로 불만이 쌓여만 갔지요.

그러다 고려에 왔다가 돌아가던 몽골 사신이 죽임을 당하는 일이 일어났어요. 몽골은 이를 이유로 고려를 침략했지요. 몽골군이 순식간에 개경을 에워싸자 고려는 서둘러 몽골과 강화를 맺었어요. 그리고 고려는 몽골의 침략에 대비하기 위해 도읍을 개경에서 몽골군이 침략하기 어려운 강화도로 옮겼어요.

그러나 이에 화가 난 몽골이 2차 침입을 해 왔어요. 이때 권력을 잡고 있던 최우는 백성들은 아랑곳하지 않고 강화도에 숨어서 자신의 재물만 지키기에 급급했어요. 백성들은 스스로를 지키기 위해 몽골에 맞서 싸울 수밖에 없었어요. 승려 김윤후는 처인성에서 몽골군의 대장 살리타를 화살로 쏘아 죽이고, 몽골의 5차 침입 때는 충주성에서 노비들을 이끌고 몽골군을 물리쳤어요. 몽골의 여러 번에 걸친 침략으로 고려 땅은 곳곳이 불타 잿더미로 변하고, 백성들은 끌려가거나 죽임을 당했어요.

몽골은 고려의 도읍을 개경으로 옮기는 조건으로 전쟁을 끝내자는 강화를 제안했어요. 그사이 최씨 정권이 무너졌고, 전쟁에 지친 고려는 몽골의 요구를 받아들였지요. 하지만 삼별초라 불리는 일부 군인들은 강화에 반대하며 몽골과 계속 싸우겠다고 했어요. 삼별초는 해산하라는 명령에도 불구하고 강화도에서 진도로, 진도에서 탐라로 옮겨 다니며 몽골군에 계속 저항했지만 고려와 몽골 연합군에 진압되고 말았답니다.

01 고려와 몽골에 대한 설명이 맞는 것을 모두 찾아 ✓ 하세요.

(1) 칭기즈 칸은 유목 생활을 하던 몽골의 여러 부족을 통일했어요.

(2) 고려는 몽골에 침입한 거란을 물리쳐 주며 몽골과 사이좋게 지냈어요.

(3) 몽골은 고려의 무리한 공물 요구로 불만이 쌓였어요.

(4) 고려에 왔다가 돌아가던 몽골 사신이 죽임을 당하는 일이 있었어요.

02 몽골의 1차 침입 이후 고려가 몽골의 침략에 대비하기 위해 도읍을 개경에서 어디로 옮겼는지 지역 이름을 쓰세요.

03 몽골의 2차 침입에 대한 글을 읽고, 알맞은 말에 ○ 하세요.

몽골과 맞서 싸운 백성 중에 승려 (최우 | 김윤후)는 (처인성 | 충주성)에서 몽골군의 대장인 (살리타 | 칭기즈 칸)을/를 화살로 쏘아 죽였어요.

04 삼별초에 대해 바르게 말한 아이를 모두 찾아 이름을 쓰세요. (,   )

• 도현: 고려가 몽골과 전쟁을 끝내고 강화를 하는 것에 찬성했어.
• 나은: 해산하라는 명령을 받았지만 해산하지 않았어.
• 준우: 강화도에서 진도, 탐라로 옮겨 가며 몽골군에 계속 저항했어.
• 유나: 몽골군을 모두 물리쳐 고려에서 몰아내는 데 성공했어.

간섭 직접 관계가 없는 남의 일에 참견함.

그 옷 별로야. 이 윗도리와 바지를 입고, 모자를 써 봐.

내 마음대로 입을 거야. 왜 자꾸 남의 일에 이래라저래라 간섭하는 거야?

궁녀 옛날에 궁궐 안에서 왕과 그 가족들을 모시는 시녀.

마마, 궁녀들이 새 옷을 가져왔습니다.

기마병 말을 타고 싸우는 병사.

적이 나타났다! 기마병들아, 적을 향해 돌진하라!

등용 학식과 능력을 갖춘 사람을 뽑아 씀.

저는 자격증이 5개입니다!

전 5개 외국어를 할 수 있습니다!

둘 다 뛰어난데 누굴 등용하려나?

우리는 외국어를 잘하는 사람이 필요하니 2번을 등용하겠습니다.

입사 면접

변발 남자의 머리를 뒷부분만 남기고 나머지 부분을 깎아 뒤로 길게 땋아 늘인 머리 모양.

내가 몽골식 머리 모양인 변발을 하라고 하지 않았느냐?

어찌 고려인이 몽골식 머리 모양을 해야 합니까? 그 명 거두어 주십시오.

우리처럼 진족 변발을 했어야지.

풍습 풍속과 습관을 이르는 말. 옛날부터 그 사회에 전해 오는 습관.

벽에 뭘 걸어 놓은 거야?

복조리야. 설날 새벽에 복조리를 벽에 걸고 한 해 복을 비는 거지. 우리나라 풍습이야.

01 낱말과 그 뜻이 바르게 짝 지어진 것을 모두 찾아 ✔ 하세요.

(1) 궁녀 – 옛날에 왕의 시중을 들던 남자.   ☐

(2) 풍습 – 풍속과 습관을 이르는 말. 옛날부터 그 사회에 전해 오는 습관.   ☐

(3) 등용 – 학식과 능력을 갖춘 사람을 뽑아 씀.   ☐

(4) 기마병 – 말을 타고 싸우는 병사.   ☐

(5) 간섭 – 직접 관계가 있는 일을 참견함.   ☐

(6) 변발 – 남자의 머리를 뒷부분만 남기고 나머지 부분을 깎아 뒤로 길게 땋아 늘인 머리 모양.   ☐

02 빈칸에 알맞은 낱말이 차례대로 묶인 것을 고르세요. (   )

• 오빠는 내가 하는 일에 사사건건 ☐을 했어요.
• 사장님은 유능한 사람을 직원으로 ☐하기 위해 시험을 치렀어요.
• 원은 고려의 왕에게 몽골식 머리 모양인 ☐을 하도록 강요했어요.

① 변발 – 간섭 – 등용   ② 간섭 – 변발 – 등용
③ 등용 – 변발 – 간섭   ④ 간섭 – 등용 – 변발

03 빈칸에 알맞은 낱말을 찾아 선으로 이으세요.

(1) ☐은 말에 올라타 적진을 향해 달렸어요.

(2) ☐는 왕실에서 온갖 허드렛일을 맡아 했어요.

(3) 우리나라는 추석에 송편을 먹는 ☐이 있어요.

ㄱ 풍습   ㄴ 기마병   ㄷ 궁녀

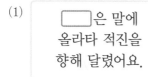

원의 간섭과 공민왕의 개혁

　몽골은 막강한 기마병을 앞세워 중국 모든 지역을 지배하게 되면서 나라 이름을 '원'으로 바꾸었어요. 그리고 원은 약 80년 동안 시시콜콜 고려의 나랏일에 간섭했지요.

　원은 고려의 왕을 마음대로 바꾸는가 하면, 원에 충성하라는 뜻에서 충렬왕, 충선왕처럼 왕 이름에 '충' 자를 넣게 했어요. 또 개경에 정동행성을 설치해 고려의 정치에 간섭하고, 쌍성총관부와 동녕부를 설치해 고려의 일부 영토를 직접 다스리기도 했어요. 심지어 고려의 왕자들을 원에서 지내게 하고, 원의 공주와 결혼시켰어요. 고려는 해마다 원에 많은 공물을 바쳤고, 고려의 처녀들은 공녀로 끌려가 원 황실의 궁녀나 귀족의 노비가 되었지요.

　원의 간섭을 받는 동안 고려에는 몽골의 풍습인 몽골풍이 유행했어요. 몽골식 변발과 옷차림을 하고, 세자빈을 가리키는 마누라, 왕의 음식인 수라, 궁녀를 뜻하는 무수리 등 원의 말을 쓰고, 원 음식인 만두와 설렁탕을 먹었어요. 신부가 머리에 쓰는 족두리와 볼과 이마에 찍는 연지 곤지도 원에서 들어왔지요. 고려의 풍습인 떡과 쌈, 유밀과, 두루마기 등이 원에서 유행하기도 했어요.

　고려의 공민왕은 원의 간섭에서 벗어나기 위해 나라를 개혁하려고 했어요. 먼저 몽골식 옷차림과 변발 등의 몽골풍을 없앴어요. 또 원의 정동행성을 없애고, 쌍성총관부를 공격해 빼앗긴 땅을 되찾았어요. 그뿐만 아니라 승려 신돈을 등용해 전민변정도감을 설치했어요. 전민변정도감에서는 권문세족이 백성들에게서 빼앗은 땅을 되돌려주거나 억울하게 노비가 된 사람들을 풀어 주는 일을 했어요. 하지만 권문세족은 강하게 반발하며 신돈을 내쫓았고, 공민왕의 죽음으로 개혁도 실패하고 말았답니다.

01 고려와 원에 대한 설명이 맞는 것을 모두 고르세요. (,   )

① 몽골은 나라 이름을 원으로 바꾸고 약 80년 동안 고려의 나랏일에 간섭했어요.

② 원의 공주는 고려로 끌려와서 고려의 왕자와 결혼했어요.

③ 고려는 해마다 원에 공물과 공녀를 바쳐야 했어요.

④ 몽골의 풍습은 고려에서 유행했으나 고려의 풍습은 원에 전해지지 않았어요.

02 고려에서 유행한 몽골 풍습을 모두 찾아 ○ 하세요.

| 설렁탕 | 떡 | 족두리 | 만두 | 유밀과 | 연지 곤지 |

03 무엇에 대한 설명인지 찾아 선으로 이으세요.

(1) 공민왕이 개혁을 추진하기 위해 승려 신돈을 등용해 설치한 것이에요.   ㉠ 정동행성

(2) 원이 개경에 설치해 고려의 정치에 간섭했어요.   ㉡ 전민변정도감

(3) 원이 고려의 일부 영토를 직접 다스리기 위해 설치한 것이에요.   ㉢ 쌍성총관부

04 공민왕의 개혁 내용이 맞으면 ○, 틀리면 ✕ 하세요.

(1) 권문세족을 완전히 몰아내고 개혁에 성공했어요.   (   )

(2) 정동행성을 없애고, 쌍성총관부를 공격해 빼앗긴 땅을 되찾았어요.   (   )

(3) 전민변정도감을 설치해 억울하게 노비가 된 사람들을 풀어 주었어요.   (   )

어휘

가마 도자기, 기와, 벽돌, 숯 등을 굽는 시설.

아저씨, 저희가 만든 도자기가 이 가마 안에 있어요?

그렇단다. 도자기들을 구우려고 가마에 불을 때는 중이지.

도공 흙을 빚어 그릇이나 도자기를 만드는 일을 직업으로 하는 사람.

도공 아저씨, 도자기 모양이 잘 안 만들어져요.

하하, 여러 번 해 봐야 한단다.

예술품 예술로서의 가치가 있는 작품.

저 작품 내가 만든 로봇과 비슷하게 생겼어.

무슨 소리! 저 작품은 전 세계적으로 유명한 작가의 예술품이야!

유약 도자기를 구울 때 겉에 바르는 약.

선생님, 도자기에 바르는 이 액체는 뭐예요?

이건 유약이란다. 도자기에 액체가 스며들지 못하게 하고, 반짝반짝 윤기를 내는 효과가 있지.

천하제일 세상에 견줄 만한 것이 없이 최고임.

이 고려청자의 색 좀 보게나. 정말 아름답지 아니한가?

아, 중국에서는 본 적 없는 고운 색이구먼. 천하제일일세!

활자 네모기둥 모양의 금속 윗면에 문자나 기호를 볼록 튀어나오게 새긴 것.

인쇄하기 위해 금속에 글자를 새긴 것이 활자예요?

그래, 옛날에 신문을 만들기 위해 인쇄하려면 활자를 하나하나 정렬하는 작업을 해야 했대.

01 뜻에 알맞은 낱말을 보기 에서 찾아 빈칸에 쓰세요.

보기	활자	예술품	도공	유약	가마	천하제일

(1) [   ] – 도자기, 기와, 벽돌, 숯 등을 굽는 시설.

(2) [   ] – 예술로서의 가치가 있는 작품.

(3) [   ] – 세상에 견줄 만한 것이 없이 최고임.

(4) [   ] – 도자기를 구울 때 겉에 바르는 약.

(5) [   ] – 흙을 빚어 그릇이나 도자기를 만드는 일을 직업으로 하는 사람.

(6) [   ] – 네모기둥 모양의 금속 윗면에 문자나 기호를 볼록 튀어나오게 새긴 것.

02 (   ) 안에서 알맞은 낱말을 골라 ○ 하세요.

(1) 미술관 정원에 전시된 다양한 (**예술품** | **예술가**)들을 구경했어요.

(2) (**수공** | **도공**)은 도자기를 빚고 도자기에 무늬도 새겨 넣었어요.

(3) 우리나라는 세계 최초로 금속 (**전자** | **활자**)로 인쇄해 책을 만들었어요.

03 기호에 알맞은 낱말이 바르게 짝 지어진 것을 고르세요. (   )

"
• (㉠) 속에서 구워 낸 숯을 꺼내느라 온몸이 까매졌어요.

• 우리 할머니의 김치는 (㉡)이라 자랑할 만큼 맛이 좋아요.

• 할아버지는 초벌구이를 한 도자기에 (㉢)을 바르고 다시 구웠어요.
"

	㉠	㉡	㉢		㉠	㉡	㉢
①	가마	천하제일	유약	②	가마	유약	천하제일
③	천하제일	가마	유약	④	유약	천하제일	가마

고려의 뛰어난 문화와 기술

고려 사람들은 뛰어난 기술을 바탕으로 세계적으로 손꼽히는 문화를 만들어 냈어요.

세계에 자랑할 만한 대표적인 예술품은 신비한 푸른빛의 '고려청자'로, 그 당시 중국에서도 '천하제일 비색'이라며 감탄할 정도였지요. 사실 청자를 만드는 기술은 중국에서 들어왔어요. 하지만 고려 도공들이 세계 최초로 '상감 기법'을 개발해 독창적인 상감 청자를

▲ 청자 상감 모란
구름 학 무늬 베개(국립 중앙 박물관)

만들었지요. 상감은 표면에 구름, 학, 연꽃, 모란 등의 무늬를 새기고, 거기에 다른 색의 흙을 메운 후 유약을 발라 굽는 기법이에요. 고려청자는 왕실과 귀족들이 주로 사용했고, 주전자, 베개, 기와, 의자 등 다양한 용도로 쓰였어요. 고려는 청자를 만드는 기술이 발달하면서 가마 만드는 기술과 불을 다루는 기술도 발달했지요.

▲ 합천 해인사 장경판전 내부(한국민족문화대백과사전)

고려는 불교문화가 발달하면서 인쇄술도 발달했어요. 몽골의 침입 때 부처의 힘으로 몽골의 침략을 이겨 내고자 8만여 장의 목판에 글자를 새겨 16년 동안 대장경판을 만들었어요. 이것이 '팔만대장경'이에요. 팔만대장경판은 글자가 고르고 틀린 글자가 거의 없을 정도로 우수해요. 현재 팔만대장경은 바람이 잘 통하고 습도를 조절할 수 있게 과학적으로 지어진 합천 해인사의 장경판전에 보관되어 있어요.

그런데 목판 인쇄는 글자가 틀리면 새 목판에 다시 새겨야 하고, 목판을 만드는 데 시간이 오래 걸리는 등의 단점이 있었어요. 그래서 고려 사람들은 책을 만들 때마다 판을 새로 짤 수 있고, 납이나 구리 등의 금속으로 만들어져 쉽게 마모되지 않는 '금속 활자'를 만들었어요. 고려의 『직지심체요절』은 현재 전해지는, 금속 활자로 찍어 낸 책 중 가장 오래된 책이랍니다.

▲ 금속 활자
(국립 중앙 박물관)

01 설명에 알맞은 것을 찾아 선으로 이으세요.

(1) 신비한 푸른빛이 도는 고려의 대표적인 도자기

(2) 세계 최초로 상감 청자를 만드는 데 사용한 기법

(3) 납이나 구리 등의 금속을 이용해서 만든 활자

ㄱ 상감 기법

ㄴ 고려청자

ㄷ 금속 활자

02 고려청자에 대해 바르게 말한 친구를 모두 찾아 ○ 하세요.

귀족들보다는 일반 백성들이 주로 사용했어.
빵이

상감 기법은 중국에서 들어왔어.
소라

주전자, 베개, 기와 등 다양한 용도로 쓰였어.
또띠

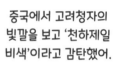
중국에서 고려청자의 빛깔을 보고 '천하제일 비색'이라고 감탄했어.
롱이

03 글을 읽고, 빈 곳에 알맞은 말을 쓰세요.

몽골 침입 때 부처의 힘으로 몽골의 침략을 이겨 내고자 8만여 장의 목판에 글자를 새겨

만든 대장경판을 _____ 이라고 해요. 이것은 현재 바람이 잘 통하고 습도를

조절할 수 있게 지어진 합천 해인사의 _____ 에 보관되어 있어요.

04 현재 전해지는, 금속 활자로 찍어 낸 책 중 가장 오래된 책의 이름을 쓰세요.

『　　　　　　　　　　　』

뜻에 알맞은 낱말을 글자판에서 찾아 색칠하고, 나타난 숫자를 빈칸에 쓰세요.
(낱말은 가로, 세로로 찾을 수 있어요.)

정	변	궁	궐	깔	보	다	변	발	동
오	무	녀	초	깜	빡	정	권	잿	용
도	역	사	원	숭	이	의	섭	더	하
끼	항	자	국	어	웃	도	공	미	다
차	천	하	제	일	기	유	기	추	병
별	등	인	도	안	마	목	풍	습	활
변	발	사	시	퐉	병	연	등	기	자

① 다른 나라의 배가 드나들면서 물건을 사고팔 수 있도록 허가를 받은 항구.

② 불에 타서 부서지고 무너져 못 쓰게 된 자리를 비유적으로 이르는 말.

③ 외국인이 많이 살거나 외국인이 자주 오고 가는 도시.

④ 풍속과 습관을 이르는 말. 옛날부터 그 사회에 전해 오는 습관.

⑤ 정치를 맡아 행하는 권력.

⑥ 흙을 빚어 그릇이나 도자기를 만드는 일을 직업으로 하는 사람.

⑦ 세상에 견줄 만한 것이 없이 최고임.

⑧ 소나 양과 같은 가축이 먹을 풀과 물을 찾아 옮겨 다니면서 삶.

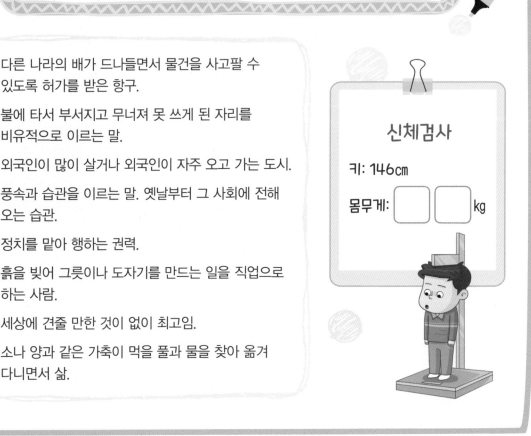

신체검사

키: 146cm

몸무게: ☐ ☐ kg

글의 내용이 맞으면 '예', 틀리면 '아니요'에 ✔ 하세요.

고려는 무역항인 벽란도를 통해 송과 가장 활발하게 교류했어요.

예 ☐　아니요 ☐

연등회에는 외국의 사신들과 상인들까지 참석해 고려 왕에게 축하 인사와 선물을 바쳤어요.

예 ☐　아니요 ☐

고려 때 무신들이 무신 정변을 일으켜 권력을 틀어쥐었어요.

예 ☐　아니요 ☐

고려의 정권을 무신들이 잡으면서 백성들은 살기 좋아졌어요.

예 ☐　아니요 ☐

고려는 몽골의 1차 침입 이후 도읍을 강화도로 옮기고 몽골의 침략에 대비했어요.

예 ☐　아니요 ☐

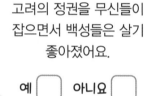

고려가 도읍을 강화도에서 개경으로 옮기면서 삼별초도 바로 해산했어요.

예 ☐　아니요 ☐

상감 기법으로 상감 청자를 만드는 기술은 중국에서 받아들인 거예요.

예 ☐　아니요 ☐

고려 사람들은 금속으로 만들어져 쉽게 마모되지 않는 금속 활자를 만들었어요.

예 ☐　아니요 ☐

공민왕은 원의 간섭에서 벗어나기 위해 나라를 개혁하려고 했어요.

예 ☐　아니요 ☐

까마귀 싸우는 골에

까마귀 싸우는 골에 백로야 가지 마라

성낸 까마귀 흰빛을 새오나니

청강에 깨끗이 씻은 몸을 더럽힐까 하노라

까마귀 검다 하고

까마귀 검다 하고 백로야 웃지 마라

겉이 검은들 속조차 검을쏘냐

아마도 겉 희고 속 검을 손 너뿐인가 하노라

시조란 무엇일까?

시조는 고려 말기부터 발달하여 온 우리 민족의 고유한 전통 문학 형식이에요.

• 「까마귀 싸우는 골에」는 어떤 시조일까?

작가에 대한 여러 견해가 있지만 고려의 충신인 정몽주의 어머니가 지었다는 견해가 많아요. 정몽주의 어머니는 이성계의 문병을 가는 정몽주를 말리며 이 시조를 지었다고 해요. 여기서 충신인 정몽주를 백로로, 권력 쟁탈을 벌이는 간신들을 까마귀로, 절개를 흰빛으로 표현했어요.

• 「까마귀 검다 하고」는 어떤 시조일까?

고려 말 문신인 이직이 지은 시조로, 여기서는 겉과 속이 같은 사람을 까마귀로, 겉과 속이 다른 사람을 백로로 표현했어요. 검은 까마귀를 비웃는 백로를 비판하는 내용을 담고 있어요.

류수열 옮김, 『시를 품고 옛 노래를 부르다』, 글누림

01 각 시조가 어떤 내용을 담고 있는지 알맞은 것을 찾아 선으로 이으세요.

(1) 「까마귀 싸우는 골에」 ・ ・ ㉠ 검은 까마귀를 비웃는 백로를 비판하는 내용

(2) 「까마귀 검다 하고」 ・ ・ ㉡ 백로에게 검은 까마귀와 어울리지 말라고 당부하는 내용

02 「까마귀 싸우는 골에」에 대해 바르게 말한 친구를 모두 찾아 ○ 하세요.

백로는 충신인 정몽주를 말해.

까마귀는 권력 쟁탈을 벌이는 간신을 말해.

정몽주가 이성계를 위해 지은 시조야.

백로의 깨끗함이 더러워질 것을 걱정하고 있어.

또띠

빵이

소라

롱이

03 「까마귀 검다 하고」의 내용으로 <u>틀린</u> 것을 고르세요. (   )

① 이 시조에서 까마귀는 겉과 속이 같은 사람을 말해요.

② 겉이 하얀 백로의 고고함과 고귀함을 칭찬하고 있어요.

③ 백로는 겉은 희지만 속은 검은, 겉과 속이 다른 사람을 말해요.

④ 까마귀가 검다고 비웃는 백로를 비판하고 있어요.

어휘 풀이

• **골** 두 산이나 언덕 사이에 깊숙하게 패어 들어간 부분. '골짜기'와 비슷한 말임.

• **성내다** 몹시 화를 내다.

• **새오다** '샘을 내다', '질투하다'의 옛말. 이 시조에서 '새오나니'는 '샘을 내니'라는 말임.

• **청강** 맑은 물이 흐르는 강.

• **손** 사람.

3주 조선 시대 1

1일

어휘 | 관청, 부정부패, 왕조, 일삼다, 조공, 화약
독해 | 조선은 어떻게 세워졌을까?

2일

어휘 | 덕목, 도리, 성곽, 예의, 의리, 인자
독해 | 새 나라 조선의 모습

3일

어휘 | 공신, 보고, 사정, 신분증, 왕세자, 처리
독해 | 왕을 중심으로 나라의 기틀을 마련하다

5일

어휘 | 반정, 수렴청정, 조화, 편찬, 현직, 혜택
독해 | 훈구파와 사림파의 대립

4일

어휘 | 국경선, 방, 실정, 약재, 업적, 출산
독해 | 위대한 세종 대왕의 업적

6일

복습

어휘

관청 국가의 사무를 집행하는 기관. 또는 그 건물.

부정부패 도덕적으로 바르거나 깨끗하지 못함.

왕조 같은 집안에서 난 왕들의 계열. 또는 그런 왕들이 다스리는 시대.

일삼다 좋지 않은 일을 계속하다.

조공 옛날에 힘이 약한 나라가 힘이 강한 나라에 때를 맞추어 예물을 바치던 일. 또는 그 예물.

화약 열이나 충격을 받으면 폭발하는 고체 또는 액체 상태의 물질.

01 초성을 참고하여 뜻에 알맞은 낱말을 빈칸에 쓰세요.

(1) ㅇ ㅅ ㄷ : 좋지 않은 일을 계속하다. ➡ [   ]

(2) ㄱ ㅊ : 국가의 사무를 집행하는 기관. 또는 그 건물. ➡ [   ]

(3) ㅂ ㅈ ㅂ ㅍ : 도덕적으로 바르거나 깨끗하지 못함. ➡ [   ]

02 낱말에 알맞은 뜻을 보기 에서 찾아 기호를 쓰세요.

보기

㉠ 같은 집안에서 난 왕들의 계열. 또는 그런 왕들이 다스리는 시대.

㉡ 옛날에 힘이 약한 나라가 힘이 강한 나라에 때를 맞추어 예물을 바치던 일. 또는 그 예물.

㉢ 열이나 충격을 받으면 폭발하는 고체 또는 액체 상태의 물질.

(1) 화약 (   )   (2) 왕조 (   )   (3) 조공 (   )

03 빈 곳에 알맞은 낱말을 보기 에서 찾아 쓰세요.

| 보기 | 조공 | 왕조 | 일삼던 | 화약 | 부정부패 | 관청 |

(1) 장군은 노략질을 _____ 왜구를 한반도 땅에서 몰아냈어요.

(2) 건설업체에서는 터널을 뚫기 위해 _____ 을 터뜨렸어요.

(3) 태조 왕건이 세운 고려 _____ 는 475년간 이어졌어요.

(4) 그 관료는 자신의 욕심만 채우려고 뇌물을 받는 _____ 를 저질렀어요.

(5) 힘이 약했던 조선은 중국 명에 인삼 등을 _____ 으로 바쳤어요.

(6) 조선에는 중요한 나랏일을 보는 _____ 이 한 거리에 모여 있었어요.

조선은 어떻게 세워졌을까?

고려 말에는 나라 안팎으로 매우 혼란스러웠어요. 안으로는 권문세족이 부정부패를 일삼고, 밖으로는 홍건적과 왜구가 연이어 침입하는 상황이었지요.

이 무렵 최무선은 우리나라 최초로 화약을 개발하고, 화통도감이라는 관청에서 무기를 만들어 왜구를 물리치는 데 큰 역할을 했어요. 최영과 이성계도 홍건적과 왜구를 물리치는 데 큰 공을 세워 백성들의 지지를 받았지요. 이들을 '신흥 무인 세력'이라고 해요.

이 시기에 중국은 원이 북쪽 초원으로 물러가고, 새롭게 명이 세워졌어요. 명은 고려에 조공을 바치고 북쪽 땅의 일부를 내놓으라는 무리한 요구를 해 왔어요. 그러자 고려의 우왕은 이참에 요동 지역을 정벌하자는 최영의 의견을 받아들여 이성계에게 요동 정벌을 명령했어요. 이성계는 안 된다고 반대했지만, 우왕의 명령을 거스를 수 없어 요동으로 떠났지요. 그러나 이성계는 압록강의 위화도에서 군대를 돌려 개경으로 돌아와 우왕과 최영을 몰아내고 권력을 잡았어요. 이것을 '위화도 회군'이라고 해요.

▲ 위화도 회군 경로

이후 이성계는 성리학을 공부해 과거를 보아 관리가 된 일부 신진 사대부와 손잡았어요. 그들은 권문세족이 가지고 있던 토지를 빼앗고 토지 제도를 고치는 등 고려 사회를 개혁하고자 했지요. 그런데 신진 사대부 중 이색과 정몽주 등은 고려 왕조를 유지하면서 잘못된 점을 고치려고 했고, 정도전과 조준 등은 고려 왕조를 무너뜨리고 이성계를 중심으로 새 왕조를 세우려고 했어요. 결국 새 왕조를 세우려는 정도전 등의 신진 사대부와 이성계가 반대 세력인 정몽주 등을 제거하고 새 나라 '조선'을 세웠어요.

고려를 유지하면서 잘못된 부분만 고치면 고려를 새롭게 만들 수 있습니다!

고려를 버리고, 새 왕조를 세워야 합니다!

정몽주   정도전

01 어떤 인물에 대한 내용인지 빈 곳에 알맞은 말을 쓰세요.

역사 인물 카드

(1) 이름: _____

(2) 업적: 화약을 개발하고, _____이라는
관청에서 화약 무기를 만들었어요.

02 이성계가 위화도 회군을 한 과정의 순서대로 빈칸에 번호를 쓰세요.

이성계는 요동 정벌에 반대했지만 어쩔 수 없이 요동으로 떠났어요. ☐

우왕은 이성계에게 요동 정벌을 명령했어요. ☐

이성계는 압록강의 위화도에서 군대를 돌려 개경으로 돌아왔어요. ☐

명은 고려에 북쪽 땅의 일부를 내놓으라는 무리한 요구를 해 왔어요. ☐

03 누가 한 말인지 알맞은 이름을 보기 에서 찾아 기호를 쓰세요.

보기

㉠ 정몽주

㉡ 정도전

(1) 나, (   )은/는
고려 왕조를 무너뜨리고
새 왕조를 세워야
한다고 생각합니다!

(2) 나, (   )은/는
고려 왕조를 지키면서
잘못된 점을 고쳐야
한다고 주장합니다!

04 빈칸에 알맞은 말이 차례대로 묶인 것을 고르세요. (   )

☐을/를 중심으로 새 왕조를 세우려는 신진 사대부는 새 왕조를 반대하는 정몽주
등을 제거하고 새 나라 ☐을 세웠어요.

① 이색 – 고조선   ② 이성계 – 조선   ③ 이성계 – 고조선   ④ 이색 – 조선

덕목 충, 효, 인, 의, 예 등 사람이 갖추어야 할 여러 가지 덕의 종류.

너도 이제 관리가 되었구나. 신하로서 갖추어야 할 덕목이 무엇이냐?

'충'입니다. 임금님께 충성을 다해야 합니다.

도리 사람이 마땅히 지켜야 할 바른 마음가짐이나 몸가짐.

남편 된 도리로 당연하지.

콜록콜록! 죽을 끓여 줘서 고마워요.

아저씨, 멋져요!

성곽 적의 공격을 막기 위해 흙이나 돌로 높이 쌓은 담.

성곽 밖에 있는 적을 향해 활을 쏴라!

쏴라!

성곽이 있어 적의 공격을 막기 좋네.

예의 공손한 말투나 바른 행동과 같이 사람이 마땅히 지켜야 할 것.

할아버지께 예의 있게 말씀드려야지. "진지 드세요."라고 말씀드리렴.

할아버지, 밥 먹으세요!

의리 사람으로서 지켜야 할 도리.

병에 걸린 부모님을 돌보지 않다니. 어찌 사람으로서 그럴 수 있단 말이냐?

죄송합니다. 저희가 의리를 저버리는 행동을 했습니다요!

인자 마음이 너그럽고 따뜻함. 또는 그 마음.

너는 저 선생님이 왜 좋아?

따뜻하시고 인자하셔서 내 고민을 잘 들어 주셔.

01 뜻에 알맞은 낱말을 **보기** 에서 찾아 빈칸에 쓰세요.

보기	의리	도리	인자	예의	성곽	덕목

(1) 사람이 마땅히 지켜야 할 바른 마음가짐이나 몸가짐. ⋯⋯⋯⋯⋯⋯

(2) 적의 공격을 막기 위해 흙이나 돌로 높이 쌓은 담. ⋯⋯⋯⋯⋯⋯⋯

(3) 마음이 너그럽고 따뜻함. 또는 그 마음. ⋯⋯⋯⋯⋯⋯⋯⋯⋯⋯

(4) 공손한 말투나 바른 행동과 같이 사람이 마땅히 지켜야 할 것.

(5) 사람으로서 지켜야 할 도리. ⋯⋯⋯⋯⋯⋯⋯⋯⋯⋯⋯⋯⋯⋯

(6) 충, 효, 인, 의 등 사람이 갖추어야 할 여러 가지 덕의 종류. ⋯⋯⋯

02 빈칸에 알맞은 글자를 모두 찾아 ○ 하세요.

(1) 적군은 ☐☐을 에워싸고 공격했지만 성을 함락하지 못했어요.

성	곽	숙	련

(2) 어른을 공경하는 것은 젊은 사람이 지켜야 할 마땅한 ☐☐예요.

도	거	부	리

(3) 나는 유교의 ☐☐ 중 '예', 즉 예절이 가장 중요하다고 생각해요.

방	덕	골	목

03 ☐☐ 안에서 알맞은 낱말을 골라 ○ 하세요.

(1) 아무리 가족 사이라도 함부로 말하면 안 되고 | 예보 | 예의 | 를 지켜야 해요.

(2) 엄마는 화를 안 내고 항상 | 인자 | 엄격 | 한 미소를 지으셨어요.

(3) 저번에 사기를 치고 달아났던 | 의지 | 의리 | 도 모르는 사기꾼을 잡았대요.

새 나라 조선의 모습

새 나라를 세우고 왕이 된 태조 이성계는 우리나라의 최초 국가인 고조선을 잇는다는 의미에서 나라 이름을 조선으로 정하고, 도읍을 개경에서 한양으로 옮겼어요. 한양을 도읍으로 정한 이유는 나라의 중심에 있어 교통이 편리하고, 산으로 둘러싸여 있어 적의 침입을 막기 좋고, 한강이 있어 물건을 옮기거나 농사짓기 좋기 때문이에요.

한양 건설을 맡은 정도전은 성리학을 배운 신진 사대부였기 때문에 한양의 건물 위치와 이름에도 유교 정신을 담았어요. 궁궐의 이름은 오래오래 큰 복을 누리라는 뜻으로 '경복궁'이라 지었지요. 경복궁의 동쪽에는 왕실의 조상을 모시는 종묘를, 서쪽에는 땅과 곡식의 신에게 제사 지내는 사직단을 지었어요. 궁궐 앞쪽에는 너른 길을 내고, 양쪽에 관청 건물을 줄지어 세웠지요.

또 적의 침입을 막기 위해 한양을 빙 둘러 성곽을 쌓고, 동서남북으로 낸 문에는 유교 덕목을 반영해 이름을 붙였어요. 동쪽 흥인지문은 인자함을 일으켜야 한다는 의미, 서쪽 돈의문은 의리를 지키고자 노력해야 한다는 의미, 남쪽 숭례문은 예의를 높여 소중히 여기라는 의미, 북쪽 숙정문은 정숙하고 조용하기를 바라는 의미를 담고 있어요.

신진 사대부들은 한양 건설뿐만 아니라 나라를 다스리는 데에도 유교를 기본 정신으로 삼았어요. 백성을 나라의 근본으로 여기며 백성에게 유교의 예절을 강조했어요. 특히 유교에서 기본적으로 지켜야 할 세 가지 강령과 다섯 가지 도리인 '삼강오륜'을 백성들에게 널리 알리고, 지방 곳곳에 학교를 세워 유교를 널리 퍼뜨렸어요.

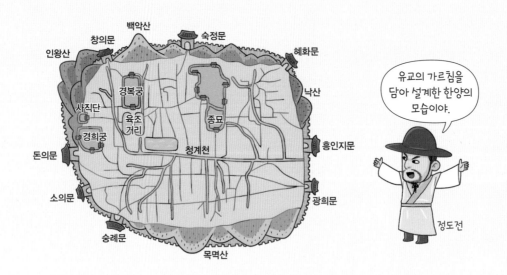

유교의 가르침을 담아 설계한 한양의 모습이야.

정도전

01 조선에 대한 설명이 맞는 것을 모두 찾아 ✔ 하세요.

(1) 고조선을 잇는다는 의미에서 나라 이름을 조선으로 지었어요. ☐

(2) 도읍을 개경에서 한양으로 옮겼어요. ☐

(3) 나라를 다스리는 데에 불교를 기본 정신으로 삼았어요. ☐

(4) 한양은 적의 침입을 막기 유리하고 농사짓기 좋았어요. ☐

02 정도전의 한양 건설에 대한 설명으로 <u>틀린</u> 것을 고르세요. (   )

① 경복궁은 오래오래 큰 복을 누리라는 뜻으로 이름을 지었어요.

② 적의 침입을 막기 위해 한양을 빙 둘러 성곽을 쌓았어요.

③ 궁궐 앞쪽에는 너른 길을 내고, 양쪽에 관청 건물을 줄지어 세웠어요.

④ 경복궁의 동쪽에 사직단을, 서쪽에 종묘를 지었어요.

03 사대문 이름에 담긴 의미를 찾아 선으로 이으세요.

(1) 홍인지문 •　　　• ㉠ 의리를 지키고자 노력해야 한다는 의미

(2) 돈의문 •　　　• ㉡ 정숙하고 조용하기를 바라는 의미

(3) 숭례문 •　　　• ㉢ 예의를 높여 소중히 여기라는 의미

(4) 숙정문 •　　　• ㉣ 인자함을 일으켜야 한다는 의미

04 유교에서 기본적으로 지켜야 할 세 가지 강령과 다섯 가지 도리를 무엇이라고 하는지 쓰세요.

☐

01 낱말에 대한 설명이 맞으면 ○, 틀리면 ✕ 하세요.

(1) '왕세자'는 다음 임금의 자리를 이을 임금의 아들을 말해요. （　　）

(2) '공신'은 개인의 이익만을 위하여 일하는 신하를 말해요. （　　）

(3) '보고'는 주로 하급자가 상급자에게 일에 관한 내용이나 결과를 말이나
글로 알리는 것을 말해요. （　　）

02 뜻에 알맞은 낱말이 되도록 보기 에서 글자를 모두 찾아 빈칸에 쓰세요.

보기	처	신	분	사	리	정	증

(1) 일의 형편이나 이유. ……………………………………… ☐☐

(2) 일이나 사무, 사건을 절차에 따라 정리해 마무리함. …… ☐☐

(3) 자신의 신분이나 소속을 증명하는 문서나 카드. ………… ☐☐☐

03 （　　） 안에서 알맞은 낱말을 골라 ○ 하세요.

(1) 내 친구는 부득이한 (규정 | 사정)이 생겨 약속을 못 지킨다고 연락했어요.

(2) 임금은 첫째 아들을 (황후 | 왕세자)로 정하고 왕위를 이을 수 있게 교육했어요.

(3) 새로 온 일꾼의 일 (처리 | 진출) 속도가 느려 일이 잔뜩 쌓였어요.

(4) 임금은 나라를 건국하는 데 큰 공을 세운 (공신 | 간신)에게 큰 벼슬을 주었어요.

(5) 경찰은 범죄자로 보이는 사람에게 (수료증 | 신분증)을 보여 달라고 요구했어요.

(6) 소방관은 산불로 인한 피해 상황을 소방 본부에 (보고 | 보급)했어요.

왕을 중심으로 나라의 기틀을 마련하다

조선의 세 번째 왕인 태종은 강력한 왕권을 바탕으로 조선의 기틀을 세웠어요.

태종 이방원은 태조 이성계의 아들로, 조선을 세울 때 중요한 역할을 한 공신이었어요. 그런데 태조는 이방원을 제치고 나이 어린 이방석을 왕세자로 삼았지요. 이에 불만을 품은 이방원은 '왕자의 난'을 일으켜 동생들과 이방석을 지지했던 정도전을 제거했어요. 그 뒤 태조의 둘째 아들 방과가 제2대 왕인 정종이 되었지만 모든 권력은 이방원이 쥐고 있었지요. 정종은 2년 뒤에 이방원에게 왕위를 물려주었어요.

태종 이방원은 왕이 되자마자 왕권을 강화하기 위한 정책을 펼쳤어요. 먼저 왕족들이 개인적으로 가지고 있던 사병을 모조리 없애고 나라에 속하게 했어요. 그리고 자신을 도왔던 왕후의 친족과 공신들의 세력이 커지자 그들을 모두 제거했지요. 또 전에는 신하들이 나랏일을 결정하고, 결정된 내용만 왕에게 보고했어요. 하지만 태종은 나라의 모든 일을 보고받고, 나랏일을 직접 결정해 처리했지요.

▲ 전국 8도

태종은 나라의 기틀을 마련하기 위해 다양한 제도를 만들었어요. 전국을 8도로 나누고, 각 도에 관찰사를 보내 왕의 명령이 지방 곳곳에 전달될 수 있게 했지요. 또 호패법도 실시해 16세 이상의 남자들에게 오늘날의 신분증과 같은 호패를 차고 다니게 했어요. 호패에는 이름, 출생 연도, 사는 곳 등이 적혀 있어서 조선은 백성의 수를 파악해 세금을 걷을 수 있었지요. 또 태종은 백성들의 하소연을 직접 듣기 위해 '신문고'라는 커다란 북을 설치했어요. 억울한 일을 당한 백성은 신문고를 치고 나라에 그 사정을 말할 수 있었답니다.

01 이방원에 대한 글을 읽고, 빈 곳에 알맞은 말을 쓰세요.

> 태조가 나이 어린 이방석을 왕세자로 삼자 이에 불만을 품고 _____을
>
> 일으켜 동생들과 이방석을 지지했던 _____을 제거했어요.

02 태종이 한 일에 대한 설명이 맞으면 ◯, 틀리면 ✕ 하세요.

(1) 신하들끼리 나랏일을 결정해 왕에게 보고만 하도록 했어요.   (   )

(2) 전국을 8도로 나누고 각 도에 관찰사를 보냈어요.   (   )

(3) 왕족들이 사병을 거느릴 수 있도록 허락했어요.   (   )

(4) 자신을 도왔던 공신들의 세력이 커지자 그들을 제거했어요.   (   )

03 글을 읽고, 빈칸에 공통으로 들어갈 말을 쓰세요.

> 태종은 백성들의 하소연을 직접 듣기 위해 ☐라는 커다란 북을 설치했어요.
> 억울한 일을 당한 백성은 ☐를 치고 나라에 그 사정을 말할 수 있었어요.

>

04 호패에 대해 <u>틀리게</u> 말한 친구를 찾아 ◯ 하세요.

16세 이상의 남자가 차고 다녔어.   소라

호패는 오늘날의 신분증 같은 거야.   빵이

호패에는 이름만 적혀 있었어.   핫또야

호패로 백성의 수를 파악할 수 있었어.   롱이

어휘

국경선 나라와 나라의 국토를 나누는 경계가 되는 선.

> 중국
> 조선
> 조선과 중국의 국토가 맞닿은 이 경계선이 바로 국경선이야.

방 어떤 일을 널리 알리기 위해 사람들이 많이 모이는 곳에 써 붙이는 글.

> 방에 글씨가 쓰여 있기는 한데 뭐라는 건지……
> 법을 바꾼다는 내용이 적힌 방이오.

실정 실제 사정이나 형편.

> 봉사하러 왔습니다. 먼저 여기 실정이 어떤지 살펴보겠습니다.
> 감사합니다.

약재 약을 짓는 데 쓰는 재료.

> 몸이 허약하니 약재를 잘 써 주세요.
> 인삼, 감초, 대추 등 좋은 약재를 넣을 테니 걱정하지 마세요.

업적 사업이나 연구 등에서 노력과 수고를 들여 이룩해 놓은 결과.

> 세종 대왕의 업적은 정말 많아. 한글 창제, 과학 기술 발전, 영토 확장 등 너무 많아 입이 아프네.

출산 아이를 낳음.

> 축하합니다! 건강한 아들을 출산하셨네요!

01 낱말의 뜻을 보기 에서 찾아 기호를 쓰세요.

보기

㉠ 사업이나 연구 등에서 노력과 수고를 들여 이룩해 놓은 결과.

㉡ 실제 사정이나 형편.

㉢ 어떤 일을 널리 알리기 위해 사람들이 많이 모이는 곳에 써 붙이는 글.

㉣ 나라와 나라의 국토를 나누는 경계가 되는 선.

㉤ 약을 짓는 데 쓰는 재료.

㉥ 아이를 낳음.

(1) 출산 (   )   (2) 약재 (   )   (3) 실정 (   )

(4) 방 (   )   (5) 업적 (   )   (6) 국경선 (   )

02 빈칸에 알맞은 낱말이 차례대로 묶인 것을 고르세요. (   )

• 옛날에는 죄인의 이름과 얼굴이 그려진 ☐을 벽 곳곳에 붙였어요.

• 노래 동아리는 사람이 많아 회원을 더 이상 받지 못하는 ☐이에요.

• 큰언니는 첫째 아이의 ☐을 한 달 앞두고 있어요.

① 방 – 실정 – 출산   ② 출산 – 실정 – 방

③ 실정 – 출산 – 방   ④ 방 – 출산 – 실정

03 (   ) 안에 알맞은 낱말을 보기 에서 찾아 기호를 쓰세요.

보기

㉠ 약재

㉡ 국경선

㉢ 업적

(1) 최무선은 화약을 개발하여 무기를 만든 (   )이 있어.

(2) 한약방에 가서 좋은 (   )로 한약을 지었어.

(3) 옛날부터 이웃하는 나라끼리는 (   ) 문제로 다툼이 잦았어.

위대한 세종 대왕의 업적

태종의 뒤를 이어 왕이 된 세종은 백성들이 잘 사는 나라를 만들려고 노력했어요. 세종은 뛰어난 인재를 발굴하기 위해 집현전을 설치하고, 백성에게 도움이 될 수 있는 것을 연구했어요. 그래서 집현전의 인재들과 함께 세종의 가장 큰 업적이라고 할 수 있는 '훈민정음'을 만들었지요. 그 당시 일반 백성들은 대부분 어려운 한자를 몰라 억울한 일을 당하기도 하고, 나라에서 써 붙인 방도 읽지 못해 어려움이 많았어요. 그래서 세종은 일부 신하들의 반대에도 불구하고 백성들이 쉽게 배울 수 있는 우리글을 만든 거예요.

세종의 지시로 집현전에서는 우리 실정에 맞는 농사법을 모은 『농사직설』을 펴냈어요. 농부들의 경험을 바탕으로 쓴 책이라 농민들에게 큰 도움이 되었지요. 또 조선에서 쉽게 구할 수 있는 약재에 대한 정보가 담긴 『향약집성방』도 펴냈어요.

세종은 백성들을 위해 법도 고쳤어요. 세금을 내기 어려워하는 백성을 위해 땅이 좋고 나쁨에 따라, 농사가 잘되고 못되고에 따라 각각 등급을 나누어 세금을 내게 했어요. 또 출산한 후 힘들어하는 관비를 위해 휴가도 칠 일에서 백 일로 늘려 주었지요.

세종은 과학 기술에도 관심을 쏟았어요. 노비 출신이지만 기술이 뛰어났던 장영실에게 해와 달의 움직임과 별자리를 관찰하는 '혼천의', 해의 그림자로 시각을 알 수 있는 '앙부일구', 종을 쳐서 시각을 알려 주는 물시계인 '자격루' 등을 만들게 했어요. 또 왕세자의 생각을 발전시켜 빗물의 양을 재는 '측우기'도 만들게 했어요.

세종은 나라를 지키는 일에도 힘썼어요. 이종무에게 일본 쓰시마섬을 정벌하게 했어요. 또 여진족이 끊임없이 국경을 넘어오자 장수들을 북쪽으로 보내 여진을 내쫓고, 압록강 유역에 4군을, 두만강 유역에 6진을 설치해 조선 땅을 넓혔지요. 이때 압록강과 두만강을 잇는 오늘날의 국경선이 확정된 거랍니다.

01 다음 상황에서 세종 대왕의 대답으로 옳지 <u>않은</u> 것을 고르세요. (   )

한자가 있는데 왜 훈민정음을 만드셨나요?

① 백성들이 글을 몰라 억울한 일을 당하기도 했기 때문입니다.

② 방을 읽을 줄 모르는 백성들이 많았기 때문입니다.

③ 백성들이 쉽게 배울 수 있는 글자가 필요했습니다.

④ 양반들이 편하게 쓸 수 있는 글자가 필요했습니다.

02 어떤 책에 대한 설명인지 알맞은 책 이름을 쓰세요.

(1) 조선에서 쉽게 구할 수 있는 약재에 대한 정보가 담긴 책　『　　　　　　　』

(2) 우리 실정에 맞는 농사법을 모은 책　『　　　　　　　』

03 장영실이 만든 발명품의 이름을 쓰세요.

종을 쳐서 시각을 알려 주는 물시계

(1) _____

해와 달의 움직임과 별자리를 관찰하는 장치

(2) _____

해의 그림자로 시각을 알 수 있는 해시계

(3) _____

04 세종이 한 일이 맞으면 '예', 틀리면 '아니요'에 ○ 하세요.

(1) 세금을 내기 어려워하는 백성을 위해 등급을 나누어 세금을 내게 했어요. 　예　아니요

(2) 장영실에게 훈민정음을 만들게 했어요. 　예　아니요

(3) 장수들을 보내 여진을 내쫓고 4군 6진을 설치해 땅을 넓혔어요. 　예　아니요

어휘

반정 옛날에 옳지 못한 임금을 밀어내고 새 임금을 세워 나라를 바로잡는 일.

수렴청정 임금의 나이가 어릴 때, 왕대비나 대왕대비가 임금을 도와 나랏일을 돌보는 일.

조화 서로 잘 어울림.

편찬 여러 가지 자료를 모아 짜임새 있게 정리하여 책을 만듦.

현직 현재의 직업. 또는 그 직업에서 맡은 일.

혜택 제도나 환경, 다른 사람 등으로부터 받는 도움이나 이익.

01 낱말의 뜻을 찾아 선으로 이으세요.

(1) 수렴청정 • • ㉠ 제도나 환경, 다른 사람 등으로부터 받는 도움이나 이익.

(2) 현직 • • ㉡ 임금의 나이가 어릴 때, 왕대비나 대왕대비가 임금을 도와 나랏일을 돌보는 일.

(3) 혜택 • • ㉢ 현재의 직업. 또는 그 직업에서 맡은 일.

(4) 조화 • • ㉣ 서로 잘 어울림.

02 뜻에 알맞은 낱말이 되도록 글자를 모두 찾아 ○ 하세요.

(1) 옛날에 옳지 못한 임금을 밀어내고 새 임금을 세워 나라를 바로잡는 일. 반 찬 정 장 상

(2) 여러 가지 자료를 모아 짜임새 있게 정리하여 책을 만듦. 판 편 배 의 찬

03 빈 곳에 알맞은 낱말을 보기 에서 찾아 쓰세요.

보기 편찬   현직   수렴청정   혜택   조화   반정

(1) 신하들은 사납고 악한 임금을 몰아내기 위해 _____을 일으켰어요.

(2) 오늘 미술 지도를 맡은 선생님은 _____ 화가로 일하는 분이에요.

(3) 임금은 성리학자에게 예의범절에 관한 책을 _____하게 했어요.

(4) 아마존강 주변에는 문명의 _____을 전혀 받지 못한 부족이 살고 있어요.

(5) 바이올린, 첼로, 비올라의 소리가 아름답게 _____를 이루었어요.

(6) 왕의 나이가 어렸기 때문에 왕대비가 _____을 했어요.

훈구파와 사림파의 대립

세종 뒤를 문종이 이었지만 일찍 죽고, 문종의 아들인 단종이 어린 나이에 왕위에 올랐어요. 그러나 수양 대군이 조카인 단종을 몰아내고 왕위에 올라 세조가 되었지요.

'훈구파'는 세조가 왕이 되는 데 공을 세운 신하들을 말하는데, 땅과 노비 등 많은 혜택을 받으며 부와 권력을 누렸지요. 세조가 왕권 강화와 훈구파의 세력 약화를 위해 현직 관리에게만 땅을 지급하도록 제도를 바꾸었지만 훈구파의 힘은 커져만 갔어요. 특히 훈구파인 한명회는 자신의 딸들을 왕비로 만들면서 권력을 유지했지요.

세조의 아들 예종이 일찍 죽자 성종은 할머니인 정희 왕후와 장인인 한명회의 도움으로 어린 나이에 왕위에 올랐어요. 성종은 정희 왕후의 수렴청정이 끝난 뒤 약해진 왕권을 강화하고 훈구파를 견제하기 위해 지방에서 성리학을 공부하던 '사림파'를 등용했어요.

▲ 『경국대전』
(국립 중앙 박물관)

『경국대전』의 완성으로 조선은 유교적 법치 국가로 나아갈 수 있었어.

성종은 훈구파와 사림파가 서로 견제하면서도 조화를 이루어 정치를 하게 했어요. 성종은 두 세력을 이끌고 세조 때부터 만들기 시작했던, 조선을 다스리는 기본 법전인 『경국대전』을 완성했어요. 그리고 역사서인 『동국통감』, 지리서인 『동국여지승람』 등 다양한 책을 편찬했지요.

사림파를 등용했던 성종이 죽고, 뒤를 이어 왕이 된 연산군이 점점 포악해지자 훈구파는 연산군을 몰아내고 중종을 왕위에 앉히는 반정을 일으켰어요. 하지만 중종은 강해진 훈구파의 세력을 견제하기 위해 사림파의 조광조에게 개혁 정치를 맡겼지요. 이에 위기를 느낀 훈구파는 조광조가 왕이 되려고 한다는 거짓 소문을 퍼뜨려 조광조를 죽이고 주요 사림파를 내쫓았어요. 이처럼 사림파는 여러 사건으로 화를 당했지만, 선조 때 다시 권력을 독차지하였답니다.

01 세조가 왕이 되는 데 공을 세우면서 땅과 노비를 받아 부와 권력을 누렸던 신하들을 무엇이라고 하는지 쓰세요.

02 기호에 알맞은 말이 바르게 짝 지어진 것을 고르세요. (   )

" (㉠)은 할머니인 정희 왕후와 장인인 (㉡)의 도움으로 어린 나이에 왕위에 올랐어요. 정희 왕후의 수렴청정이 끝나자 약해진 왕권을 강화하고 (㉢)를 견제하기 위해 성리학을 공부하던 (㉣)를 등용했어요. "

	㉠	㉡	㉢	㉣		㉠	㉡	㉢	㉣
①	단종	한명회	사림파	훈구파	②	성종	한명회	훈구파	사림파
③	성종	조광조	훈구파	사림파	④	중종	조광조	사림파	훈구파

03 성종에 대한 글을 읽고, 빈 곳에 알맞은 책 이름을 쓰세요.

세조 때부터 만들기 시작한, 조선을 다스리는 기본 법전인 『_____』을

완성하고, 역사서인 『_____』, 지리서인 『_____』을

편찬했어요.

04 연산군과 중종 때의 일을 바르게 말한 아이를 모두 찾아 이름에 ○ 하세요.

유주 사림파는 포악해지는 연산군을 몰아내고 중종을 왕위에 올렸어.

민성 중종은 훈구파의 세력을 견제하기 위해 조광조에게 개혁 정치를 맡겼어.

시온 조광조는 훈구파와 중종을 내쫓고 왕이 되려고 했어.

서은 사림파에 위기감을 느낀 훈구파는 조광조를 죽이고 사림파를 내쫓았어.

끝말잇기가 되도록 뜻에 알맞은 낱말을 빈칸에 쓰세요.

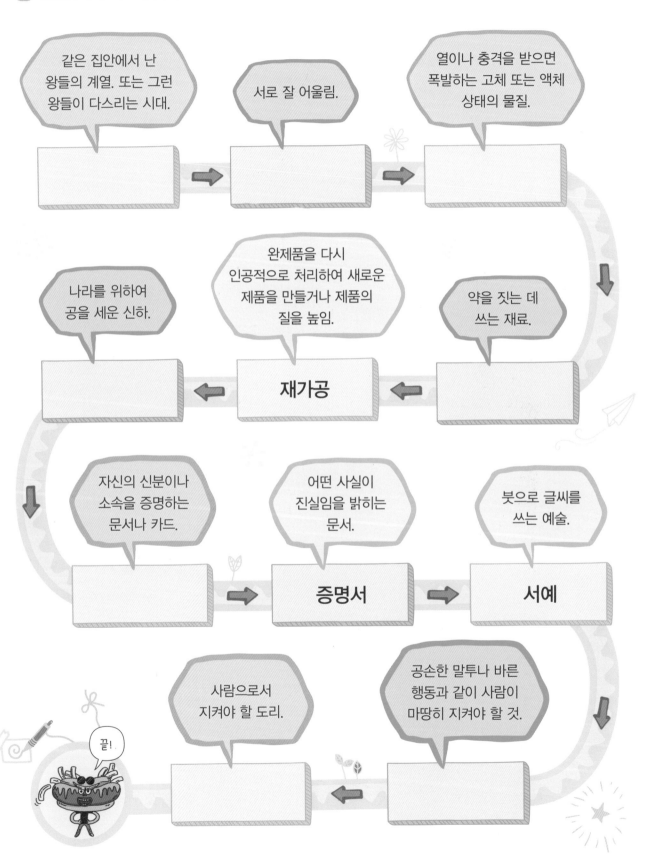

같은 집안에서 난 왕들의 계열. 또는 그런 왕들이 다스리는 시대.

서로 잘 어울림.

열이나 충격을 받으면 폭발하는 고체 또는 액체 상태의 물질.

나라를 위하여 공을 세운 신하.

완제품을 다시 인공적으로 처리하여 새로운 제품을 만들거나 제품의 질을 높임.

약을 짓는 데 쓰는 재료.

재가공

자신의 신분이나 소속을 증명하는 문서나 카드.

어떤 사실이 진실임을 밝히는 문서.

붓으로 글씨를 쓰는 예술.

증명서

서예

사람으로서 지켜야 할 도리.

공손한 말투나 바른 행동과 같이 사람이 마땅히 지켜야 할 것.

끝!

글의 내용이 맞으면 '예', 틀리면 '아니요'에 ○ 하세요. 그런 다음 ○를 한 것과 짝 지어진 숫자 또는 글자를 초대장의 빈칸에 차례대로 쓰세요.

1		
이성계가 위화도에서 요동까지 정벌한 사건을 위화도 회군이라고 해요.	예	5
	아니요	7

2		
정도전은 고려 왕조를 무너뜨리고 새 왕조를 세우려고 했어요.	예	1
	아니요	2

3		
정도전은 한양의 건물 위치와 이름에 유교 정신을 담았어요.	예	9
	아니요	4

4		
조선은 도읍을 한양에서 개성으로 옮겼어요.	예	3
	아니요	8

5		
태종 이방원은 왕권을 강화하고 나라의 기틀을 마련했어요.	예	다
	아니요	바

6		
세종은 백성들이 쉽게 배울 수 있는 훈민정음을 만들었어요.	예	6
	아니요	5

7		
앙부일구, 자격루 등을 만든 장영실은 양반 출신이었어요.	예	7
	아니요	0

8		
성종은 약해진 왕권을 강화하고 훈구파를 견제하기 위해 사림파를 등용했어요.	예	2
	아니요	9

음악회 초대장

공연 일시: [1] 월 [2] [3] 일 [4] 시

공연 좌석: [5] [6] [7] [8]

81

4주 조선 시대 2

5일

어휘 | 견해, 굴복, 무력, 식량, 인질, 지원군
독해 | 조선, 두 번의 호란을 겪다

4일

어휘 | 오랑캐, 요청, 중립 외교, 지원, 질병, 터전
독해 | 광해군, 조선을 다시 일으키려 하다

6일

복습
교과서 속 책 읽기

어휘

관공서 국가의 일을 하는 관청이나 공공 기관.

사람들이 편리하게 생활하도록 도와주는 관공서에는 학교, 소방서, 구청 등이 있어.

도포 옛날에 남자 어른이 갖추어 입던, 소매가 넓고 길이가 긴 겉옷.

나리, 새로 지은 도포가 어떠신지요?

마음에 든다. 소매 폭도 넓고 좋다.

선비 옛날에 학문을 배우고 익힌 사람을 이르던 말.

오늘도 선비들이 정자에 앉아 선생님에게 가르침을 받고 있네.

토론 어떤 문제에 대하여 여러 사람이 옳고 그름을 따지며 논의함.

초등학생이 인터넷 게임을 해도 되는지에 대해 토론하겠습니다.

인터넷 게임을 해도 됩니다. 왜냐하면······.

인터넷 게임을 하면 안 됩니다. 왜냐하면······.

통역 서로 다른 나라 말을 사용하는 사람들 사이에서 뜻이 통하도록 말을 옮겨 줌.

Hello! Nice to meet you. I am from America.

오빠, 뭐라고 말하는 거야?

오빠가 통역을 해 줄게. 미국에서 왔는데 만나서 반갑대.

하급 낮은 등급이나 계급.

이방, 이렇게밖에 못하느냐?

사또, 죄송합니다요.

이방은 사또보다 하급 관리라 사또 말에 꼼짝 못 하네.

01 (　　) 안에서 알맞은 낱말을 골라 ○ 하세요.

(1) (노비 ㅣ 선비) : 옛날에 학문을 배우고 익힌 사람을 이르던 말.

(2) (토론 ㅣ 여론) : 어떤 문제에 대하여 여러 사람이 옳고 그름을 따지며 논의함.

(3) (검역 ㅣ 통역) : 서로 다른 나라 말을 사용하는 사람들 사이에서 뜻이 통하도록
　　　　　　　　　　말을 옮겨 줌.

(4) (관문서 ㅣ 관공서) : 국가의 일을 하는 관청이나 공공 기관.

(5) (하급 ㅣ 상급) : 낮은 등급이나 계급.

(6) (곤포 ㅣ 도포) : 옛날에 남자 어른이 갖추어 입던, 소매가 넓고 길이가 긴 겉옷.

02 (　　) 안에 알맞은 낱말을 보기 에서 찾아 기호를 쓰세요.

보기　　　㉠ 하급　　　㉡ 도포　　　㉢ 관공서

(1) (　　　　)는 남자 양반들이 즐겨 입던 겉옷으로 주로 비단으로 만들었어요.

(2) 조선 시대에 관청에서 일하는 향리와 서리는 비교적 (　　　　) 관리에 속했어요.

(3) 삼촌은 공무원 시험에 합격해 (　　　　)에서 근무하게 되었어요.

03 빈칸에 알맞은 낱말을 찾아 선으로 이으세요.

(1) 나는 외국어를 열심히 공부해 [　]하는 일을 하기로 결심했어요.　　　　•

　　　　　　　　　　　　　　　　　• ㉠ 토론

(2) 옛날 [　]들은 시를 읊고 그림을 그리고 글씨를 쓰면서 시간을 보냈어요.　　　•

　　　　　　　　　　　　　　　　　• ㉡ 통역

(3) 우리 모둠은 초등학생이 스마트폰을 써도 되는지에 대해 [　]했어요.　　　　•

　　　　　　　　　　　　　　　　　• ㉢ 선비

조선의 신분 제도

　조선 시대에는 부모에게서 신분을 물려받아 태어날 때부터 신분이 정해졌어요. 조선 사람들의 신분은 크게 양인과 천인으로 나뉘는데, 양인을 점차 양반, 중인, 상민으로 구분하면서 양반, 중인, 상민, 천민 4개의 신분으로 나뉘었지요.

　양반은 나랏일을 맡아 하는 문반과 무반을 합쳐 부른 말이에요. 양반은 주로 과거 시험을 치러 관리가 되었고, 선비들끼리 모여 여러 가지 주제로 토론을 하기도 했어요. 양반은 대부분 땅과 노비를 가졌고, 나라에 세금을 거의 내지 않고 군대도 가지 않았어요. 그리고 주로 남자와 여자의 생활 공간이 구분되는 기와집에서 살았고, 쌀밥을 먹었어요. 옷은 대부분 비단옷을 입었고, 남자 어른은 소매가 넓은 도포를 입고, 갓도 썼지요.

　중인은 양반을 도와 관청에서 일하는 하급 관리나 과거 시험의 잡과에 합격해 기술을 가진 전문가들이에요. 궁궐에서 그림을 그리는 화원, 외국어를 통역하는 역관, 의술을 펴는 의관 등이 바로 중인이에요. 중인은 능력이 있어도 양반처럼 높은 관직에 오르기 어려웠어요.

　상민은 대부분 농부였는데 어부, 상인, 수공업자도 있었어요. 상민은 세금을 내고 군대에 가고, 나라에 큰 공사가 있으면 불려 가서 일해야 했어요. 과거 시험은 볼 수 있지만, 공부할 여유가 거의 없어 관직에 나가기 힘들었지요. 상민은 주로 남자와 여자의 생활 공간이 구분 없는 초가집에 살았고, 잡곡밥을 먹고, 수수한 옷을 입었어요.

　천민은 가장 낮은 신분으로 노비, 백정, 광대, 무당 등이 있었어요. 천민 대부분은 노비로 양반의 집이나 관공서에 속해 허드렛일이나 물건을 만드는 일을 했어요. 노비는 양반의 재산으로, 양반 마음대로 사고팔 수 있었으며 자손들에게 물려줄 수도 있었어요.

조선은 양반이 이끌어 가는 나라라고 할 수 있지. — 양반

전문 직업인인데 양반은 우리를 무시해. — 중인

세금 내고, 군대 가고, 나라에서 일시키면 일해야 해. — 상민

우린 의무도 권리도 없고, 시키는 일만 해야 해. — 천민

01 조선의 신분 구분을 보고, 빈칸에 알맞은 말을 쓰세요.

양반, 무반 ......(1) [   ]

하급 관리, 화원, 역관 등 ......(2) [   ] 양인

농부, 어부, 상인 등 ......(3) [   ]

노비, 백정, 광대, 무당 등 ......**천민** 천인

02 글을 읽고, 빈 곳에 알맞은 말을 쓰세요.

조선에서 양반과 상민이 관리가 되기 위해서는 _____을/를 치러야 했어요.

그러나 상민은 공부할 여유가 없어 관직에 나가기 힘들었어요.

03 누가 한 말인지 알맞은 신분을 찾아 선으로 이으세요.

(1) "주인아씨 시중들고, 온갖 집안일하느라 힘들어."   •   • ㉠ **양반**

(2) "농사를 지으면서 세금도 내고 군대도 가고 바빠."   •   • ㉡ **중인**

(3) "기와집에 살며 주로 쌀밥을 먹고 비단옷을 입어."   •   • ㉢ **상민**

(4) "궁궐에서 열린 잔치 모습을 그림으로 그렸어."   •   • ㉣ **천민**

04 조선의 신분 제도와 그에 따른 생활 모습에 대해 <u>틀리게</u> 말한 친구를 찾아 ○ 하세요.

과거의 잡과에 합격한 화원, 역관, 의관은 중인이야.
또띠

양반은 노비를 자손들에게 재산으로 물려줄 수 있었어.
소라

상민이 사는 초가집은 남자와 여자의 생활 공간이 구분되었어.
롱이

양반은 나라에 세금을 거의 내지 않고 군대도 가지 않았어.
핫또야

4주

1일

어휘

관군 옛날에 나라의 군대 또는 군사를 이르던 말.

기습 적이 생각지 않았던 때에 갑자기 들이쳐 공격함. 또는 그런 공격.

붕당 학문적·정치적으로 서로 뜻을 같이하는 사람들의 모임.

승병 승려들로 조직된 군대.

의병 외적을 물리치기 위하여 백성들이 스스로 조직한 군대. 또는 그 군대의 병사.

피란 전쟁이나 난리 등을 피해 안전한 곳으로 옮겨 감.

01 뜻에 알맞은 낱말을 찾아 선으로 이으세요.

(1) 적이 생각지 않았던 때에 갑자기 들이쳐 공격함. 또는 그런 공격. •

(2) 학문적·정치적으로 서로 뜻을 같이하는 사람들의 모임. •

(3) 승려들로 조직된 군대. •

(4) 외적을 물리치기 위하여 백성들이 스스로 조직한 군대. 또는 그 군대의 병사. •

(5) 전쟁이나 난리 등을 피해 안전한 곳으로 옮겨 감. •

(6) 옛날에 나라의 군대 또는 군사를 이르던 말. •

• ㉠ 붕당

• ㉡ 승병

• ㉢ 관군

• ㉣ 피란

• ㉤ 의병

• ㉥ 기습

02 ( ) 안에 알맞은 낱말을 보기 에서 찾아 기호를 쓰세요.

보기
㉠ 피란
㉡ 기습
㉢ 의병

(1) 백성들은 나라가 위험에 빠지자 스스로 (　　　)이 되어 적과 싸웠어.

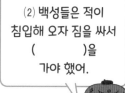

(2) 백성들은 적이 침입해 오자 짐을 싸서 (　　　)을 가야 했어.

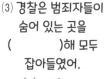

(3) 경찰은 범죄자들이 숨어 있는 곳을 (　　　)해 모두 잡아들였어.

03 빈칸에 알맞은 글자를 모두 찾아 ○ 하세요.

(1) 조선 중기에는 학문적·정치적으로 뜻을 같이하는 양반끼리 모여 □□을 만들었어요.

| 붕 | 할 | 당 | 산 |

(2) 임금을 위협하는 반란군을 조선의 군사인 □□이 모두 물리쳤어요.

| 보 | 관 | 신 | 군 |

(3) 젊은 승려들은 나라를 지키기 위해 직접 □□을 모집했어요.

| 시 | 문 | 승 | 병 |

조선의 첫 전쟁, 임진왜란

조선은 나라를 세운 후 약 200년 동안 큰 전쟁 없이 평화롭게 지냈어요. 그래서 전쟁에 대비한 무기 준비나 군사 훈련이 부족했어요. 더욱이 선조 때는 사림파가 붕당을 만들어 서로 싸우느라 외세 침입에 대한 대비는 생각지도 못했지요.

그사이 일본은 도요토미 히데요시가 100년 넘게 해 온 전쟁을 끝내고 일본을 통일했어요. 그 후 도요토미 히데요시는 시선을 밖으로 돌려 조선과 명을 정복하려고 했어요. 1592년에 일본군은 부산 앞바다로 쳐들어와 '임진왜란'을 일으켰어요. 조선군이 일본군에 맞서 싸웠지만 일본군은 부산진과 동래성을 함락하고, 충주까지 함락하며 빠르게 한양으로 올라왔어요. 결국 선조와 신하들은 궁궐을 버리고 의주로 피란을 갔지요.

왕이 피란을 가고, 조선 관군이 일본군을 제대로 막지 못하자 조선 곳곳에서는 의병이 일어났어요. 선비, 상민, 노비, 승려 등 신분을 가리지 않고 사람들이 의병에 참여했지요. 의병들은 숨었다가 기습 공격을 하는 방법으로 일본군에 큰 피해를 주었어요. 특히 붉은 옷을 입고 싸워 홍의 장군이라 불리는 곽재우 장군은 전 재산을 털어 모은 의병과 함께 여러 전투에서 일본군을 크게 물리쳤지요.

일본군에 계속 밀리던 조선 관군은 중국 명에서 보내 준 군사와 함께 평양성에서 일본군을 물리쳤어요. 조선과 명의 연합군은 한양을 되찾기 위해 이동했고, 권율은 관군과 행주산성으로 가서 전투 준비를 했어요. 이에 일본군은 행주산성을 맹공격했지만 관군, 의병, 승병, 백성들이 모두 똘똘 뭉쳐 일본군을 물리치고 성을 지켜 냈지요. 이 싸움을 '행주 대첩'이라고 한답니다.

01 임진왜란이 일어나기 전 조선의 상황에 대한 설명이 맞으면 '예', 틀리면 '아니요'에 ○ 하세요.

(1) 조선은 나라를 세운 후 약 200년 동안 전쟁 없이 평화로웠어요.　예　아니요

(2) 조선은 전쟁에 대비해 무기 준비나 군사 훈련을 철저히 했어요.　예　아니요

(3) 선조 때는 사림파가 붕당을 만들어 서로 싸웠어요.　예　아니요

02 1592년에 도요토미 히데요시가 조선을 정복하기 위해 조선을 침략하면서 일어난 전쟁의 이름을 쓰세요.

03 선조가 피란을 간 과정의 순서대로 빈칸에 번호를 쓰세요.

일본군은 부산진과 동래성을 함락했어요.

선조와 신하들은 궁궐을 버리고 의주로 피란을 갔어요.

1592년에 일본군이 부산 앞바다로 쳐들어왔어요.

일본군은 충주를 함락하고 빠르게 한양으로 올라왔어요.

04 임진왜란에 대한 설명으로 <u>틀린</u> 것을 고르세요. (　　　)

① 조선 관군은 중국 명에서 보내 준 군사와 함께 평양성에서 일본군을 물리쳤어요.

② 곽재우 장군은 의병을 일으켜 여러 전투에서 일본군을 물리쳤어요.

③ 의병들은 일본군을 기습 공격했지만 힘이 약해 일본군에 매번 졌어요.

④ 행주산성에서는 권율 장군과 관군, 의병, 승병 등이 일본군과 싸워 이겼어요.

곡창 지대 쌀 따위의 곡식이 많이 나는 일정한 구역의 땅.

여기는 쌀을 가장 많이 생산하는 호남 지방 평야야. 우리나라 제1의 곡창 지대야!

명장 무예가 훌륭하여 이름난 장수.

이순신 장군이 일본군을 또 무찔렀어. 이순신 장군은 역시 명장이야, 명장!

수군 주로 바다에서 공격과 방어의 임무를 수행하는 군대.

일본 수군이 몰려온다. 조선 수군들아, 포를 쏴라!

전법 전쟁이나 운동 경기 등에서 상대에게 이기기 위한 싸움의 방법.

학익진! 일본 배를 공격!

학익진 전법이야. 학이 날개를 편 모양으로 적을 둘러싸 공격하는 전법이지.

정비 기계나 설비가 제대로 작동하도록 보살피고 손질함.

자동차가 고장이 나서 정비를 맡겼는데 끝났나요?

지금 정비 중입니다. 자동차가 제대로 작동할 수 있게 해 드릴게요.

회담 어떤 문제를 가지고 거기에 관련된 사람들이 모여서 토의함. 또는 그 토의.

한국, 중국, 일본 세 나라가 만나서 수출과 수입에 대해 회담을 하고 있네.

01 낱말에 알맞은 뜻을 보기 에서 찾아 기호를 쓰세요.

> 보기
>
> ㉠ 어떤 문제를 가지고 거기에 관련된 사람들이 모여서 토의함. 또는 그 토의.
>
> ㉡ 쌀 따위의 곡식이 많이 나는 일정한 구역의 땅.
>
> ㉢ 무예가 훌륭하여 이름난 장수.

⑴ 회담 (   )   ⑵ 명장 (   )   ⑶ 곡창 지대 (   )

02 낱말과 그 뜻이 바르게 짝 지어진 것을 모두 찾아 ✔ 하세요.

⑴ 정비 – 기계나 설비가 제대로 작동하도록 보살피고 손질함.

⑵ 전법 – 전쟁이나 운동 경기 등에서 상대에게 이기기 위한 싸움의 방법.

⑶ 수군 – 주로 땅 위에서 공격과 방어의 임무를 수행하는 군대.

03 (   ) 안에 알맞은 낱말을 보기 에서 찾아 기호를 쓰세요.

> 보기   ㉠ 회담   ㉡ 전법   ㉢ 곡창 지대   ㉣ 명장   ㉤ 정비   ㉥ 수군

⑴ 비행기나 버스 등은 출발 전에 철저히 (   )해야 사고를 막을 수 있어요.

⑵ 한국과 중국 연구원들은 환경 관련 문제로 (   )을 열었어요.

⑶ 호남평야는 우리나라 최대 (   )로 벼 생산량이 가장 많아요.

⑷ 장군은 적군을 갑자기 공격하거나 혼란에 빠뜨리는 (   )을 썼어요.

⑸ 임진왜란 때 장군은 조선 (   )을 이끌고 바다로 나가 열심히 싸웠어요.

⑹ 우리 군은 불리한 상황에서도 (   )의 훌륭한 지휘로 전쟁에서 이겼어요.

임진왜란을 승리로 이끈 이순신 장군

이순신 장군은 임진왜란에서 조선을 구한 영웅이에요. 일본군과 싸워 단 한 번도 패배한 적이 없는 명장이지요. 이순신 장군은 임진왜란이 일어나기 1년 전 전라좌도 수군절도사가 되면서부터 일본의 침입에 대비했어요. 무기를 준비하고, 수군을 훈련시키고, 전투할 때 타는 판옥선과 거북 모양의 거북선을 만들었지요.

임진왜란이 일어나자 이순신 장군은 옥포만에서 일본 수군과 싸워 '옥포 해전'을 승리로 이끌고, 이를 시작으로 잇따라 벌어진 전투에서도 모두 승리했어요. 이에 화가 난 도요토미 히데요시는 총공격을 명령했지요. 하지만 이순신 장군은 일본 수군을 한산도 앞바다로 꾀어내어 학이 날개를 펼친 듯한 모양으로 공격하는 학익진 전법으로 크게 승리했어요. 이 '한산도 대첩'의 승리로 조선은 남쪽 바다와, 전라도와 충청도의 곡창 지대를 지켜냈어요. 하지만 일본은 무기와 음식을 보급하려던 바닷길이 막혀 어려움을 겪었지요.

일본은 갈수록 전쟁에서 불리해지자 중국 명에 휴전을 제안했어요. 하지만 이 강화 회담은 3년 만에 실패로 끝났지요. 결국 일본은 다시 조선을 침입했는데 이를 '정유재란'이라고 해요. 이순신 장군은 수군과 판옥선을 정비하고, 명량 해협으로 나가 명량의 거센 물살을 이용해 일본군을 상대로 큰 승리를 거두었어요. '명량 대첩' 이후 얼마 지나지 않아 도요토미 히데요시가 죽자 일본군이 일본으로 돌아가기 시작했어요. 이순신 장군은 조선에서 후퇴하는 일본 수군을 노량 앞바다에서 물리쳤지요. 이 '노량 해전'에서 이순신 장군이 비록 목숨을 잃었지만 마침내 7년에 걸친 긴 전쟁은 끝이 났답니다.

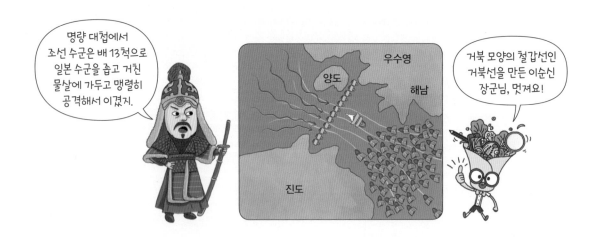

명량 대첩에서 조선 수군은 배 13척으로 일본 수군을 좁고 거친 물살에 가두고 맹렬히 공격해서 이겼지.

우수영
양도
해남
진도

거북 모양의 철갑선인 거북선을 만든 이순신 장군님, 멋져요!

01 이순신 장군에 대한 글을 읽고, 빈 곳에 알맞은 말을 쓰세요.

_____이 일어나기 1년 전 전라좌도 수군절도사가 되면서부터 일본군의

침입에 대비해 무기를 준비하고 판옥선과 거북 모양의 _____을 만들었어요.

02 어떤 전투에 대한 내용인지 알맞은 전투를 고르세요. (   )

> 학이 날개를 펼친 듯한 모양으로 공격하는 학익진 전법으로 일본의 수군을 크게
> 물리쳤어요. 이 승리로 조선은 남쪽 바다와, 전라도와 충청도의 곡창 지대를 지켰어요.

① 옥포 해전   ② 한산도 대첩   ③ 노량 해전   ④ 명량 대첩

03 친구가 말하는 전쟁을 무엇이라고 하는지 쓰세요.

전쟁에서 불리해진 일본은 중국 명과
강화 회담을 했지만 회담이 실패하자
다시 조선을 침입해 전쟁을 일으켰어.

04 정유재란 때 일어난 일에 대한 설명이 맞으면 ○, 틀리면 ✕ 하세요.

(1) 이순신 장군은 명량의 거센 물살을 이용해 명량 대첩에서 승리했어요.   (   )

(2) 도요토미 히데요시가 죽자 조선은 일본과 싸우지 않고 전쟁을 끝냈어요.   (   )

(3) 이순신 장군은 노량 해전에서 일본 수군을 물리쳤어요.   (   )

(4) 이순신 장군은 명량 대첩에서 목숨을 잃었어요.   (   )

어휘

오랑캐 예전에 두만강 일대의 만주 지방에 살던 여진족을 멸시하여 이르던 말.

요청 필요한 일을 해 달라고 부탁함. 또는 그런 부탁.

중립 외교 한 나라에 치우치지 아니하고 각 나라에 같은 중요도를 두는 외교.

지원 물질이나 행동으로 도움.

질병 몸에 생기는 온갖 병.

터전 생활의 근거지가 되는 곳.

01 ( ) 안에 알맞은 낱말을 보기에서 찾아 기호를 쓰세요.

보기

㉠ 터전

㉡ 요청

㉢ 중립 외교

(1) ( )는 한 나라에 치우치지 아니하고 각 나라에 같은 중요도를 두는 외교를 말해.

(2) ( )은 필요한 일을 해 달라고 부탁하는 것을 말해.

(3) ( )은 생활의 근거지가 되는 곳을 말해.

02 초성을 참고하여 뜻에 알맞은 낱말을 빈칸에 쓰세요.

(1) ㅈㅂ : 몸에 생기는 온갖 병. ➡

(2) ㅈㅇ : 물질이나 행동으로 도움. ➡

(3) ㅇㄹㅋ : 예전에 두만강 일대의 만주 지방에 살던 여진족을 멸시하여 이르던 말. ➡

03 빈 곳에 알맞은 낱말을 보기에서 찾아 쓰세요.

보기   질병   지원   터전   요청   중립 외교   오랑캐

(1) 오랜 전쟁으로 백성들은 삶의 _____을 모두 잃었어요.

(2) 왕은 명과 후금 어느 나라의 편도 들지 않는 _____를 펼쳤어요.

(3) 조선은 후금을 여진족이 세운 _____의 나라라며 깔보았어요.

(4) 소풍을 갈 때 학교에서 김밥과 음료수를 _____해 주었어요.

(5) 아기들은 면역력이 약해 _____에 걸리기 쉬워 조심해야 해요.

(6) 교통사고로 사람이 다쳐서 119에 구조 _____을 했어요.

광해군, 조선을 다시 일으키려 하다

광해군은 임진왜란 이후 무너진 나라를 되살리기 위해 힘쓴 왕이에요. 광해군이 왕위에 올랐을 때 조선은 임진왜란으로 궁궐은 불타고, 논밭은 버려지고, 많은 사람이 죽고 질병까지 퍼져 있었어요. 백성들이 살아갈 터전을 잃고 떠돌아다니면서 세금을 제대로 내지 못해 나라 살림도 어려웠지요.

광해군은 전쟁으로 황폐해진 땅을 일구고, 불에 탄 궁궐들과 무너진 성곽을 고치고, 무기들도 수리했어요. 나아가 백성들에게 세금을 제대로 걷을 수 있도록 인구와 토지 조사를 했지요. 또 백성들을 힘들게 했던 특산물을 내는 세금 제도인 '공납'을 '대동법'으로 고쳐 세금 부담을 덜어 주었어요. 대동법은 백성들이 가지고 있는 땅의 넓이에 따라 돈이나 베, 쌀 등으로 세금을 내는 제도였지요.

▲ 『동의보감』(국립 중앙 박물관)

광해군은 전쟁으로 다치고 병든 백성들을 위해 『동의보감』을 편찬해 보급했어요. 『동의보감』은 허준이 병의 종류와 치료법, 주변에서 쉽게 구할 수 있는 약재 등을 정리한 책이에요.

광해군이 조선을 어느 정도 안정시킬 무렵 여진이 세운 후금은 힘이 강해져 명을 위협했어요. 명은 임진왜란 때 도와준 것을 강조하며 조선에 군사 지원을 요청했고, 신하들은 후금은 오랑캐이니 명을 돕자고 했어요. 하지만 광해군은 두 나라 사이에서 전쟁에 휘말리지 않기 위해 중립 외교를 펼쳤어요. 광해군은 중립 외교로 나라의 안전을 지키면서 조선이 안정을 찾을 수 있게 했답니다.

01 광해군이 왕위에 올랐을 때의 조선 상황에 대해 <u>틀리게</u> 말한 친구를 찾아 ○ 하세요.

많은 사람이 죽고
질병이 퍼졌어.
롱이

세금을 잘 걷지 못해
나라 살림이 어려웠어.
핫또야

궁궐은 불타고
논밭은 버려졌어.
꽈리

백성들은 생활 터전에서
안정을 찾았어.
소라

02 광해군에 대한 설명이 맞는 것을 모두 찾아 ✓ 하세요.

(1) 백성들의 세금 부담을 덜어 주기 위해 대동법을 실시했어요.

(2) 세금을 제대로 걷을 수 있도록 인구와 토지 조사를 했어요.

(3) 명을 돕기 위해 후금과 적이 되었어요.

(4) 불에 탄 궁궐들과 무너진 성곽을 고치고, 무기들을 수리했어요.

03 허준이 병의 종류와 치료법, 주변에서 쉽게 구할 수 있는 약재 등을 정리한 책의 이름을 쓰세요.

『   』

04 (   ) 안에 알맞은 낱말을 보기 에서 찾아 기호를 쓰세요.

보기   ㉠ 명   ㉡ 후금   ㉢ 중립 외교

조선이 안정될 무렵 여진이 세운 (   )은 힘이 강해져 임진왜란 때 조선을 도와준
(   )을 위협했어요. 광해군은 두 나라 사이에서 전쟁에 휘말리지 않기 위해
(   )를 펼쳤어요.

견해 사람, 사물이나 현상에 대하여 사람마다 가지는 의견이나 생각.

굴복 힘이 없어 자신의 뜻을 굽히고 남의 뜻이나 명령에 따름.

무력 군사적인 힘.

식량 사람이 살아가는 데 필요한 먹을거리.

인질 나라 사이에 조약을 지키게 하려고 잡아 두는 사람.

지원군 돕기 위해 출동한 군대.

01 뜻에 알맞은 낱말을 보기 에서 찾아 빈칸에 쓰세요.

| 보기 | 무력 | 견해 | 굴복 | 지원군 | 식량 | 인질 |

(1) 사람이 살아가는 데 필요한 먹을거리. ⬚

(2) 나라 사이에 조약을 지키게 하려고 잡아 두는 사람. ⬚

(3) 군사적인 힘. ⬚

(4) 사람, 사물이나 현상에 대하여 사람마다 가지는 의견이나 생각. ⬚

(5) 힘이 없어 자신의 뜻을 굽히고 남의 뜻이나 명령에 따름. ⬚

(6) 돕기 위해 출동한 군대. ⬚

02 기호에 알맞은 낱말이 바르게 짝 지어진 것을 고르세요. (   )

"
• 사또의 강압에 백성들은 어쩔 수 없이 사또에게 (㉠)할 수밖에 없었어요.
• 아프리카의 굶주린 아이들을 위해 봉사 단체가 (㉡)을 지원해 주었어요.
• 무신들은 칼을 빼 들고 (㉢)으로 왕과 문신들을 몰아내 정권을 잡았어요.
"

	㉠	㉡	㉢		㉠	㉡	㉢
①	굴복	무력	식량	②	식량	무력	굴복
③	무력	굴복	식량	④	굴복	식량	무력

03 ⬚ 안에서 알맞은 낱말을 골라 ○ 하세요.

(1) 조선 군대는 | 지원군 직업군 | 의 도움으로 적을 몰아낼 수 있었어요.

(2) 두 사람은 정치적인 | 견해 견제 | 가 달라서 자주 다투었어요.

(3) 전쟁에서 진 나라는 왕자들을 | 제자 인질 | 로 보낼 수밖에 없었어요.

조선, 두 번의 호란을 겪다

인조는 광해군을 몰아내고 왕위에 올랐어요. 당시 명은 쓰러져 가는 나라였고, 후금은 강대국으로 커 가는 나라였으나 인조는 명을 가까이하고 후금을 멀리했어요.

후금은 명을 돕는 조선을 굴복시키고자 1627년에 조선에 쳐들어와 '정묘호란'을 일으켰어요. 조선의 관군과 의병이 후금에 맞서 싸웠지만 전쟁에 패해 결국 조선은 후금과 형제 나라로 지낼 것을 약속하게 되었어요.

이후 후금은 힘이 더 세져 나라 이름을 '청'으로 바꾸고, 조선에 신하의 나라가 될 것을 요구했어요. 인조가 이를 거절하자 청의 태종은 직접 군사를 이끌고 다시 조선을 침략했지요. 이것이 1636년에 일어난 '병자호란'이에요. 청의 군대가 빠른 속도로 한양을 향해 내려오자 인조는 남한산성으로 피신했어요. 그런데 청의 군대가 남한산성을 에워싸고 있어 지원군이 오지 못하는 상황인 데다 식량도 부족해 성안은 굶주림과 추위로 죽어 가는 군사와 백성이 늘어 갔어요. 신하들은 청이 오랑캐의 나라이니 끝까지 무력으로 맞서 싸우자는 견해와 힘센 청을 이길 수 없으니 싸우지 말고 화해하자는 견해로 나뉘어 팽팽히 맞섰어요.

결국 전쟁 상황이 점점 불리해져 인조는 삼전도로 가서 청 태종에게 절하며 굴욕적인 항복을 하기에 이르렀어요. 이로써 청과의 전쟁은 끝났지만 조선은 청을 임금 나라로 섬겨야 했고, 소현 세자와 봉림 대군 및 많은 신하와 백성이 청에 인질로 끌려가야만 했어요. 또 조선은 청에 조공을 바치고, 청이 전쟁할 때 지원군을 보내야 했답니다.

▲ 삼전도비
(한국민족문화대백과사전)

4주
5일

01 어떤 호란에 대한 설명인지 찾아 선으로 이으세요.

(1) 후금이 명을 돕는 조선을 굴복시키고자
조선에 쳐들어왔어요.   •   • ㉠ 병자호란

(2) 청이 조선에 신하의 나라가 될 것을
요구했으나 이를 거절하자 쳐들어왔어요.   •   • ㉡ 정묘호란

02 병자호란에 대한 글을 읽고, 알맞은 말에 ○ 하세요.

후금은 나라의 이름을 (청 | 명)으로 바꾸고 조선에 (임금 | 신하)의 나라가 되라고
요구했어요. 일부 신하들은 청이 (오랑캐 | 사대부)의 나라이니 싸우자고 했고, 일부
신하들은 힘센 청을 이길 수 없으니 싸우지 말고 (절교 | 화해)하자고 했어요.

03 병자호란이 전개된 과정의 순서대로 빈칸에 번호를 쓰세요.

청이 남한산성을 에워싸고 있어 지원군이 오지 못했어요.   □

인조는 삼전도로 가서 청 태종에게 절을 하며 굴욕적인 항복을 했어요.   □

인조는 신하들과 함께 남한산성으로 피신했어요.   □

청 태종이 군사를 이끌고 조선을 침략했어요.   □

04 병자호란이 끝난 후 조선의 상황에 대한 설명이 맞으면 ○, 틀리면 ✕ 하세요.

(1) 조선은 청이 전쟁을 할 때 지원군을 보내야 했어요.   (   )

(2) 조선은 청의 임금 나라가 되어 조공을 받았어요.   (   )

(3) 소현 세자와 봉림 대군이 청에 인질로 끌려갔어요.   (   )

(4) 조선의 많은 신하와 백성이 청에 인질로 끌려갔어요.   (   )

가로 풀이와 세로 풀이를 보고, 풀이에 알맞은 낱말을 빈칸에 쓰세요.

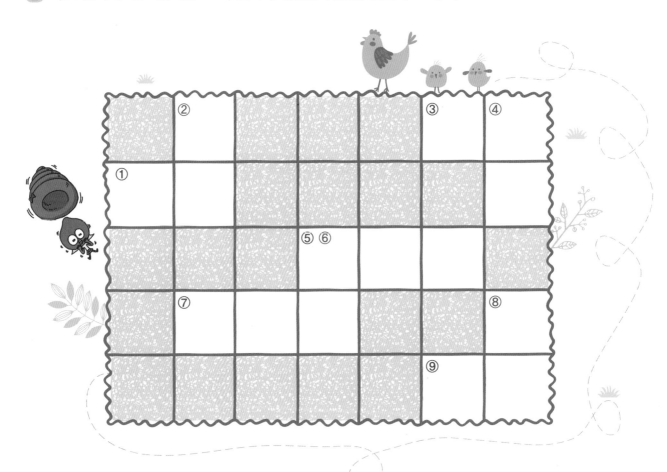

가로 풀이야!

① 몸에 생기는 온갖 병.

③ 생활의 근거지가 되는 곳.

⑤ 국가의 일을 하는 관청이나 공공 기관.

⑦ 돕기 위해 출동한 군대.

⑨ 기계나 설비가 제대로 작동하도록 보살피고 손질함.

세로 풀이야!

② 외적을 물리치기 위하여 백성들이 스스로 조직한 군대. 또는 그 군대의 병사.

④ 전쟁이나 운동 경기 등에서 상대에게 이기기 위한 싸움의 방법.

⑥ 옛날에 나라의 군대 또는 군사를 이르던 말.

⑧ 옛날에 학문을 배우고 익힌 사람을 이르던 말.

글의 내용이 맞으면 ○, 틀리면 ✕를 따라가며 줄을 그으세요.

정보화 시대에 한글은 어떻게 유용한가?

우리나라가 유독 인터넷 강국으로 자리매김한 이유는 무엇 때문일까? 과학 기술의 발달이나 역동적인 국민성 등이 언급되기도 하지만 그 무엇보다도 우리에게 한글이 있기 때문이 아닐까. 자국어를 활용한 정보화 사업에서 중국이나 일본보다 우리나라가 앞서갈 수 있는 것은 한글의 효율성 때문이다. 중국어는 로마자를 이용한다고 해도 몇 번의 절차를 거쳐야만 글자를 입력할 수 있다. 이에 비하면 한글은 소리글자다 보니 발음 자체가 표기된다. 더욱이 자음과 모음이 환상적으로 조합을 이루고 있으니 그만큼 쉽고 빠르게 언어를 정보화할 수 있다. 그 한 예로 전산학자는 한글의 과학성에 대해 다음과 같이 말한다.

우리가 지금 만능 기계로 생각하는 컴퓨터는 단 두 개의 숫자 '0'과 '1'을 일정한 규칙에 따라 되풀이하는 것인데 이 세상을 순식간에 정보화 시대로 만들고 있습니다. 한글의 경우도 똑같습니다. 28글자의 유한 수의 기호와 몇 가지의 규칙만으로 무한 수에 가까운 천지자연의 소리를 만들어 표현하는 방식이 바로 한글의 특성이지요. 그런 점에서 한글은 다른 어떤 글자보다 과학적이며 현대 첨단 과학의 산물인 컴퓨터의 원리에 매우 부합하는 문자입니다. 이런 점에서 저는 세종 대왕이 오늘의 정보화 시대를 미리 내다보고 한글을 만들었다고 할 만큼 감탄할 때가 있습니다.

디지털 시대는 의사소통 방식이 계속 변화할 것이다. 예컨대 일일이 문자를 입력하지 않아도 음성을 그대로 문자로 전달하고 다시 문자를 음성으로 변화시키는 기술이 개발되고 있다. 이와 같은 미래의 의사소통 방식에도 한글은 다른 어떤 문자보다도 위력을 떨칠 것이다. 한글은 소리와 문자의 일대일 대응이 가능하기 때문이다. 정보화 시대에 한글의 미래가 밝은 이유가 바로 여기에 있다.

최경봉 외, 『한글에 대해 알아야 할 모든 것』, 책과 함께

01 무엇에 대해 쓴 글인지 찾아 ○ 하세요.

> 정보화 시대에
> 두드러지는
> 한국의 과학 기술

> 정보화 시대에
> 두드러지는
> 한글의 우수성

> 정보화 시대에
> 두드러지는
> 한국의 국민성

02 자국어를 활용한 정보화 사회에서 중국, 일본보다 우리가 앞서가는 이유를 바르게 말한 친구를 모두 찾아 ○ 하세요.

> 한글이 소리글자다 보니
> 발음 자체가 표기되기
> 때문이야.

빵이

> 자음과 모음의 조합으로
> 빠르게 언어를 정보화할 수
> 있기 때문이야.

소라

> 로마자를 이용해 몇 번의
> 절차를 거쳐 글자를 입력할 수
> 있기 때문이야.

롱이

03 이 글에 나타난 한글의 특징으로 틀린 것을 고르세요. (   )

① 28글자의 기호와 몇 가지 규칙만으로 무한 수에 가까운 소리를 만들 수 있어요.

② 소리와 문자의 일대일 대응이 가능해요.

③ 글자 수가 적어 천지자연의 소리를 만들어 표현하기는 힘들어요.

④ 과학적이며 컴퓨터의 원리에 매우 부합하는 문자예요.

어휘 풀이

- **자리매김** 사회나 사람들의 인식 등에 일정 수준 이상의 위치를 차지함. 또는 그런 일.
- **역동적** 힘차고 활발하게 움직이는 것.
- **효율성** 들인 노력이나 힘에 대한 결과의 비율이 높은 특성.
- **소리글자** 말소리를 그대로 기호로 나타낸 문자. 한글, 로마자, 아라비아 문자 등이 있음.
- **천지자연** 인위를 가하지 아니한 본디 그대로의 상태.
- **부합** 사물이나 현상 등이 서로 꼭 들어맞음.
- **위력** 상대방을 눌러 꼼짝 못 하게 할 만큼 매우 강력함. 또는 그런 힘.

1일 어휘 (11쪽)

01 (1) 난폭 (2) 계승 (3) 호감 (4) 봉기
(5) 궁지 (6) 지지

02 (1) 난폭 (2) 지지 (3) 호감

03 (1) 봉, 기 (2) 궁, 지 (3) 계, 승

1일 독해 (13쪽)

01 (1) ㉡ (2) ㉢ (3) ㉠

02 호족

03 4, 1, 2, 3

04 (1) 후삼국 (2) 발해

2일 어휘 (15쪽)

01 (1) ✕ (2) ◯ (3) ◯

02 (1) 유지 (2) 정책 (3) 딴마음

03 (1) 융합 (2) 충성 (3) 유지 (4) 골칫거리
(5) 정책 (6) 딴마음

2일 독해 (17쪽)

01 소라, 핫또야

02 사심관, 기인

03 (1) ◯ (2) ✕ (3) ✕ (4) ◯

04 훈요 10조

3일 어휘 (19쪽)

01 (1) ㉢ (2) ㉠ (3) ㉰ (4) ㉱ (5) ㉡ (6) ㉣

02 (1) 후계자 (2) 벼슬 (3) 치열했어요

03 ③

3일 독해 (21쪽)

01 노비안검법

02 (1), (2)

03 과거제, 유교적, 능력

04 시무, 향교, 국자감

4일 어휘 (23쪽)

01 (1) 우호적 (2) 국경 (3) 지휘

02 (1) ㉠ (2) ㉢ (3) ㉡

03 (1) 둑 (2) 담판 (3) 지휘 (4) 우호적
(5) 물벼락 (6) 국경

4일 독해 (25쪽)

01 ④

02 (1) 아니요 (2) 예 (3) 예

03 ②

04 (1) ㉢ (2) ㉠ (3) ㉡

5일 어휘 (27쪽)

01 (1) 재물 (2) 건의 (3) 유배 (4) 도읍
(5) 중심 (6) 싸움

02 (1) ㉡ (2) ㉠ (3) ㉢

03 (1) ㉢ (2) ㉡ (3) ㉠

5일 독해 (29쪽)

01 (1) 윤관 (2) 묘청 (3) 이자겸

02 수아

03 문벌, 실패

04 3, 2, 1

6일 복습 (30~31쪽)

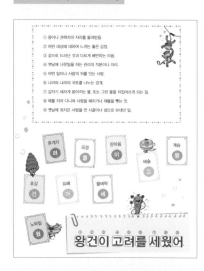

① 계승
② 호감
③ 딴마음
④ 벼슬
⑤ 후계자
⑥ 국경
⑦ 물벼락
⑧ 노략질
⑨ 유배

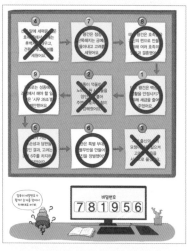

바밀번호 7 8 1 9 5 6

1일 어휘 (35쪽)

01 (1) 규, 범 (2) 의, 식 (3) 상, 인

02 (1) 연등 (2) 국제도시 (3) 무역항

03 (1) ㄷ (2) ㅁ (3) ㄱ (4) ㄹ (5) ㅂ (6) ㄴ

1일 독해 (37쪽)

01 (1) 코리아 (2) 벽란도

02 (1) ㄴ, ㄷ, ㅂ (2) ㄱ, ㄹ, ㅁ

03 (1) ✕ (2) ✕ (3) ○ (4) ○

04 핫또야, 빵이

2일 어휘 (39쪽)

01 (1) ㄷ (2) ㅁ (3) ㄴ (4) ㅂ (5) ㄹ (6) ㄱ

02 ②

03 (1) 무예 (2) 정변 (3) 차별

2일 독해 (41쪽)

01 ④

02 (1) 무신 정권 (2) 무신 정변

03 (1) 아니요 (2) 예 (3) 예

04 망이와 망소이 형제

3일 어휘 (43쪽)

01 (1) 유, 목 (2) 강, 화 (3) 공, 물

02 (1) ㄷ (2) ㄴ (3) ㄱ

03 (1) 초원 (2) 갯더미 (3) 유목 (4) 해산
(5) 강화 (6) 공물

한국사 2권 2주 해답

3일 독해 (45쪽)

01 (1), (4)

02 강화도

03 김윤후, 처인성, 살리타

04 나은, 준우

4일 어휘 (47쪽)

01 (2), (3), (4), (6)

02 ④

03 (1) ㉤ (2) ㉢ (3) ㉠

4일 독해 (49쪽)

01 ①, ③

02 설렁탕, 족두리, 만두, 연지 곤지

03 (1) ㉤ (2) ㉠ (3) ㉢

04 (1) ✕ (2) ◯ (3) ◯

5일 어휘 (51쪽)

01 (1) 가마 (2) 예술품 (3) 천하제일
(4) 유약 (5) 도공 (6) 활자

02 (1) 예술품 (2) 도공 (3) 활자

03 ①

5일 독해 (53쪽)

01 (1) ㉤ (2) ㉠ (3) ㉢

02 또띠, 롱이

03 팔만대장경, 장경판전

04 직지심체요절

6일 복습 (54~55쪽)

① 무역항

② 잿더미

③ 국제도시

④ 풍습

⑤ 정권

⑥ 도공

⑦ 천하제일

⑧ 유목

교과서 속 책 읽기 (57쪽)

01 (1) ㉤ (2) ㉠

02 또띠, 빵이, 롱이

03 ②

1일 어휘 (61쪽)

01 (1) 일삼다 (2) 관청 (3) 부정부패

02 (1) ㉢ (2) ㉠ (3) ㉡

03 (1) 일삼던 (2) 화약 (3) 왕조
(4) 부정부패 (5) 조공 (6) 관청

1일 독해 (63쪽)

01 (1) 최무선 (2) 화통도감

02 3, 2, 4, 1

03 (1) ㉡ (2) ㉠

04 ②

2일 어휘 (65쪽)

01 (1) 도리 (2) 성곽 (3) 인자 (4) 예의
(5) 의리 (6) 덕목

02 (1) 성, 곽 (2) 도, 리 (3) 덕, 목

03 (1) 예의 (2) 인자 (3) 의리

2일 독해 (67쪽)

01 (1), (2), (4)

02 ④

03 (1) ㉣ (2) ㉠ (3) ㉢ (4) ㉡

04 삼강오륜

3일 어휘 (69쪽)

01 (1) ○ (2) ✕ (3) ○

02 (1) 사, 정 (2) 처, 리 (3) 신, 분, 증

03 (1) 사정 (2) 왕세자 (3) 처리 (4) 공신
(5) 신분증 (6) 보고

3일 독해 (71쪽)

01 왕자의 난(난), 정도전

02 (1) ✕ (2) ○ (3) ✕ (4) ○

03 신문고

04 핫또야

4일 어휘 (73쪽)

01 (1) ㅂ (2) ㅁ (3) ㄴ (4) ㄷ (5) ㄱ (6) ㄹ

02 ①

03 (1) ㉢ (2) ㉠ (3) ㉡

4일 독해 (75쪽)

01 ④

02 (1) 향약집성방 (2) 농사직설

03 (1) 자격루 (2) 혼천의 (3) 앙부일구

04 (1) 예 (2) 아니요 (3) 예

5일 어휘 (77쪽)

01 (1) ㉡ (2) ㉢ (3) ㉠ (4) ㉣

02 (1) 반, 정 (2) 편, 찬

03 (1) 반정 (2) 현직 (3) 편찬 (4) 혜택
(5) 조화 (6) 수렴청정

5일 독해 (79쪽)

01 훈구파

02 ②

03 경국대전, 동국통감, 동국여지승람

04 민성, 서은

한국사 2권 3주 해답

6일 복습 (80~81쪽)

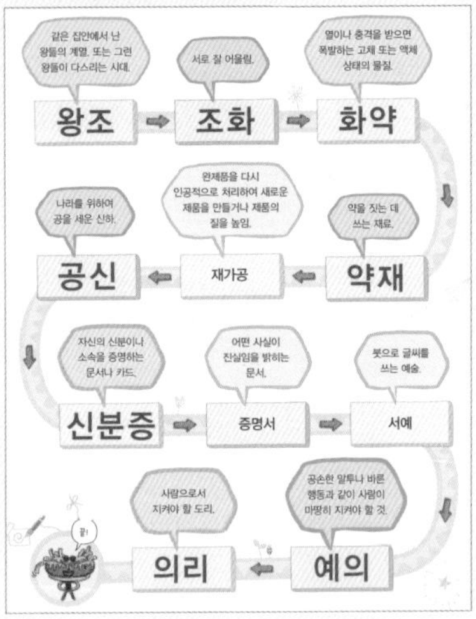

한국사 2권 4주 해답

1일 어휘 (85쪽)

01 (1) 선비 (2) 토론 (3) 통역 (4) 관공서 (5) 하급 (6) 도포

02 (1) ㉡ (2) ㉠ (3) ㉢

03 (1) ㉡ (2) ㉢ (3) ㉠

1일 독해 (87쪽)

01 (1) 양반 (2) 중인 (3) 상민

02 과거 시험(과거)

03 (1) ㉣ (2) ㉢ (3) ㉠ (4) ㉡

04 롱이

2일 어휘 (89쪽)

01 (1) ㉥ (2) ㉠ (3) ㉡ (4) ㉤ (5) ㉣ (6) ㉢

02 (1) ㉢ (2) ㉠ (3) ㉡

03 (1) 붕, 당 (2) 관, 군 (3) 승, 병

2일 독해 (91쪽)

01 (1) 예 (2) 아니요 (3) 예

02 임진왜란

03 2, 4, 1, 3

04 ③

3일 어휘 (93쪽)

01 (1) ㉠ (2) ㉢ (3) ㉡

02 (1), (2)

03 (1) ㉤ (2) ㉠ (3) ㉢ (4) ㉡ (5) ㉥ (6) ㉣

3일 독해 (95쪽)

01 임진왜란, 거북선

02 ②

03 정유재란

04 (1) ○ (2) × (3) ○ (4) ×

4일 어휘 (97쪽)

01 (1) ㄷ (2) ㄴ (3) ㄱ

02 (1) 질병 (2) 지원 (3) 오랑캐

03 (1) 터전 (2) 중립 외교 (3) 오랑캐
　　 (4) 지원 (5) 질병 (6) 요청

4일 독해 (99쪽)

01 소라

02 (1), (2), (4)

03 동의보감

04 ㄴ, ㄱ, ㄷ

5일 어휘 (101쪽)

01 (1) 식량 (2) 인질 (3) 무력 (4) 견해
　　 (5) 굴복 (6) 지원군

02 ④

03 (1) 지원군 (2) 견해 (3) 인질

5일 독해 (103쪽)

01 (1) ㄴ (2) ㄱ

02 청, 신하, 오랑캐, 화해

03 3, 4, 2, 1

04 (1) ○ (2) × (3) ○ (4) ○

6일 복습 (104~105쪽)

교과서 속 책 읽기 (107쪽)

01 정보화 시대에 두드러지는 한글의 우수성

02 빵이, 소라

03 ③

113